Für Moritz, Jakob, Emma und Ilva

Inhaltsverzeichnis

VORWORTE

Daniela: Wozu eine Schimpf-Diät? 12

Linda: »Ich kann dir sagen, wie es ist, ein Kind zu sein!« 14

Willkommen in der Welt der Gleichwürdigkeit 16

SCHRITT 1

Warum tut Schimpfen weh? 22

Was bedeutet Schimpfen für Kinder? 24

Wie fühlt sich Geschimpftwerden für Kinder an? 25

Was bedeutet Schimpfen für Erwachsene? 29

Wie fühlt sich Geschimpftwerden für Erwachsene an? 31

Wie Schimpfen wirkt 35

Danielas Erkenntnisse für den Mama-Alltag 38

⁝ Zerreißprobe Alltag 39

⁝ Einfache Sätze, klare Worte 42

⁝ Weniger ist mehr 42

SCHRITT 2

Warum schimpfen wir überhaupt so viel? 46

»Rezepte« für Eltern gibt es nicht 47

Häufige Ursachen 49

Die Wirkung von Schimpfen bei Erwachsenen 64

Danielas Erkenntnisse für den Mama-Alltag 69

::: Meine Erwartungen sind nicht die meiner Kinder 70
::: Warum schimpfe ich so viel? 75
::: Abwarten, zuhören und respektieren 77

SCHRITT 3

Welche Mutter oder welcher Vater willst du sein? 80

Wie war es in der eigenen Kindheit? 80

Schütze deine Integrität 99

Anerkennen, was ist 106

Danielas Erkenntnisse für den Mama-Alltag 109

::: Die lieben Rituale und ihre Tücken 110
::: Mutterbild und Mutterrolle 113
::: Meine Werte – deine Werte 116

SCHRITT 4

**Die Ursachen in Körper, Geist
und Psyche aufspüren und beheben** 118

Der Körper ist im Hier und Jetzt 119

Was tun bei körperlicher Überforderung? 125

Ernährung, die uns guttut 126

Entrümpeln – warum Minimalismus zählt 136

Achtsamkeit & Co.: Den Geist wieder frei machen 141

Psyche: Die Klaviatur der Gefühle 154

Sehr heftige Gefühle müssen heraus 163

Danielas Erkenntnisse für den Mama-Alltag 174

::: Geschwisterstreit und eigene Erwartungen 175
::: Was ich brauche, um ruhig zu bleiben 177
::: Was passiert, wenn ich mich selbst überhöre 178
::: Gefühlschaos: Wie schaffe ich es, ruhig zu bleiben? 184

SCHRITT 5

Begegne deiner Ohnmacht 188

Die wichtigste Ressource für deine Mutterschaft bist du selbst 189

Ohnmachtsgefühle zulassen als innere Friedensarbeit 196

Zu den eigenen Gefühlen stehen tut gut 199

Zuhören, um zu verstehen 203

Danielas Erkenntnisse für den Mama-Alltag 207

⸬ Die Unerträglichkeit meiner Ohnmacht 207

⸬ Gemeinsam Lösungen finden 208

⸬ Hinter jeder Emotion versteckt sich ein Bedürfnis 209

SCHRITT 6

Was wirkt besser als Schimpfen? 212

Die 7 Alternativen 213

Du bist nicht allein! 224

Du bist gut genug! 225

Danielas Erkenntnisse für den Mama-Alltag 227

⸬ Praktische Lösungen 228

⸬ Eigenständigkeit fördern 229

⸬ Rede weniger, hör mehr zu 232

⸬ Was meine Kinder tun, tun sie für sich und nicht gegen mich 234

SCHRITT 7

Setz deine Erkenntnisse im Alltag um 236

Anti-Schimpf-Reminder für den Familienalltag 236

Sprüche und Mama-Mantras zum Aufheben und Aufhängen 237

Listen, um das gesunde Maß zu finden 238

Dein Plan: Mach's konkret, und vor allem: Mach es! 241

Das Schimpf-Diät-Tagebuch 242

Belohnung motiviert auch Erwachsene!........243

Schau mit anderen Augen drauf: Perspektivenwechsel........244

Humor entspannt........245

Empathie kann man lernen........246

Achtsamkeit leben........247

Loslassen........249

Was tun, wenn...?........250

Danielas Erkenntnisse für den Mama-Alltag........254

⸬ Was soll sich als Erstes ändern?........254

⸬ Lachen und spielen........256

⸬ Jeder Tag kann ein achtsamer Tag werden........256

NACHKLANG

Die Autorinnen........259

Herzlichen Dank!........263

Literaturhinweise und Empfehlungen........265

Anmerkungen........267

Hinweise zu den Downloads........268

VORWORTE

Wozu eine Schimpf-Diät?

Schon als ich zusammen mit Linda ein Workbook als Vorläufer dieses Buches entwickelt habe, wurde ich öfter gefragt, warum ich ein Buch mit dem Titel *Die Schimpf-Diät* schreibe. Meine Antwort darauf:»Ich bin Mama.« Das reichte für mich selbst aus, um überhaupt auf die Idee zu kommen, neue Wege zu suchen. Diese Gefühle, diese Liebe, diese Verantwortung kannte ich nicht, bevor ich Kinder bekam. Ich wollte alles anders machen, als ich es erlebt hatte, wollte da sein, greifbar sein, meine Kinder bedingungslos annehmen. Das ging die ersten Monate uneingeschränkt gut, das Baby hat viel geschlafen und ich konnte gut»einfach Mutter sein« – also ganz nach meiner Vorstellung. Je älter und eigenständiger meine Tochter wurde, desto deutlicher wurde aber die Herausforderung spürbar.

Mit dem zweiten Kind hat sich der Anspruch an mich als Mutter dann weiter verändert: Der Alltag wurde noch ein Stück fremdbestimmter, dazu kamen plötzlich und heftig»Phasen« wie die Autonomie-Ansätze meiner Großen und ihr Freiheitsdrang, die gleichsam normal, gut und extrem anstrengend waren.

Gefühlt war dann die Wand hinter meinem Rücken oft sehr nah und eine Flucht ausgeschlossen. Und in einem dieser Momente war es ein Gespräch, das mich klarer blicken und freier denken ließ: Ich hatte Linda kennengelernt und mich lange mit ihr unterhalten. Aus dem einen Gespräch wurden viele, und immer, wenn ich nicht weiterwusste oder vor lauter Alltag nicht mehr erkennen konnte, worum es eigentlich ging, habe ich durch ihre Impulse den verloren geglaubten Faden wiedergefunden.

In den Gesprächen wurde mir klar: Wenn ich eingeengt bin, kann ich weder hören noch sehen, was meine Kinder wirklich brauchen, und ich tendiere dazu, ungeduldiger und lauter zu reagieren, als ich das möchte – also zu schimpfen. »Weil ich meine Kinder hören will!« ist ein weiterer Grund für die Entwicklung einer Schimpf-Diät. Denn das ist es, was mir so schwerfällt, wenn ich zu sehr mit mir, meinen Sorgen, meinem alltäglichem Stress oder zu vielen To-dos beschäftigt bin und der Alltag zu laut ist. Ich möchte besser zuhören und mehr hören, weil ich beobachten will, anstatt zu werten, und weil meine Kinder es verdient haben, aufmerksam, wertfrei und bedingungslos ihren Anliegen Gehör verschaffen zu können. Das Schreiben dieses Buches hat mir geholfen, dabei ein gutes Stück weiterzukommen.

»Ich glaube, du solltest dein Buch nochmal lesen!« – das war die Reaktion meiner Tochter auf meine letzte Schimpftirade. Womit sie natürlich recht hat ...

Dieses Buch beschreibt auch meinen Weg, denn einfach ist es nicht, die erlernten, erlebten und teilweise eingefahrenen Linien, Furchen und Wege zu verlassen, alte Glaubenssätze zu ignorieren und sich selbst neu als Familie zu erfinden. Ich freue mich, wenn auch du dich traust, den Weg mitzugehen!

Daniela

»Ich kann dir sagen, wie es ist, ein Kind zu sein!«

Mit diesen Worten hat mein jüngerer Sohn seinen Anspruch auf Mitarbeit angemeldet, als ich ihm davon erzählte, dass ich ein Buch darüber schreibe, wie man Kinder ohne Schimpfen erziehen kann. Er war begeistert und rief: »Ich helfe dir dabei! Ich kann dir nämlich sagen, wie es ist, ein Kind zu sein!« Was für eine großartige Idee! Ich habe ihm Fragen gestellt, die er mir mit seinen sieben Jahren unerwartet klar beantworten konnte. Unter anderem habe ich ihn gefragt, woran es liegen könnte, dass die Erwachsenen so viel mit ihm schimpfen. Seine Antwort war: »Weil ich so dumm bin.«

Ich bekomme immer noch Gänsehaut, wenn ich daran denke. Mein kerngesunder, intelligenter, lieber Sohn schließt mit messerscharfer Logik aus dem Verhalten der schimpfenden Erwachsenen, dass es wohl an ihm liegen muss. Er folgert, dass er in seinem Sein nicht in Ordnung sein kann, sonst würden diese Erwachsenen doch keinen Grund haben, ihm immer wieder zu sagen: »Tu dies nicht, mach das anders, sei so oder so, und: Beherrsch dich, reiß dich zusammen ...«

Es gibt tatsächlich Studien dazu, dass Kinder sich die überwiegende Zeit, die sie mit Erwachsenen verbringen, geschimpft fühlen. Ist das nicht beschämend? Ja, wir haben einen »Erziehungsauftrag«, doch muss das zwangsläufig bedeuten, dass wir mit unseren Kindern schimpfen, sie abwerten, entwürdigen oder uns als Moralapostel aufspielen, um aus einem bereits bei der Geburt höchst sozialen Wesen einen »anständigen Menschen« zu machen?

Ich halte das für überholt. Ich bin sicher, dass Erziehung auch anders möglich ist. Keiner sagt, dass es einfach ist. Doch es sagt auch niemand, dass es leicht wäre, Kinder im Gehorsamskult zu erziehen. Beides kann sehr anstrengend werden.

Das gemeinsame und aneinander Wachsen ist ein Prozess, der lebenslang andauert – es gibt ja auch wirklich viel zu tun! Und doch, wir können alle immer nur den Schritt gehen, der gerade möglich ist.

Lasst uns ein paar Schritte gemeinsam gehen!

Linda

Willkommen in der Welt der Gleichwürdigkeit

Glücklicherweise haben sich aus den vielen Erziehungsströmungen der letzten Jahrzehnte einige herauskristallisiert, die das Kind als etwas von Geburt an Wertvolles und Schützenswertes betrachten. Wir sehen das genauso. Und wir sehen Erziehung als eine Haltungsfrage. Wie »ziehen« nicht an etwas, um zu verändern oder zu formen, sondern wir erkennen an, dass Menschen verschieden sind, auch schon die ganz kleinen.

Wir sehen Familie und Erziehung als einen lebenslangen und lebendigen Prozess, der Beziehungsarbeit bedeutet. Damit wollen wir uns bewusst auseinandersetzen. »Hier bin ich Mensch, hier darf ich's sein«, schrieb Johann Wolfgang von Goethe – das soll die Grundhaltung in unseren Familien sein, die für alle gilt. Für uns, für unsere Partner und für unsere Kinder. Wir alle sind Menschen gleicher Würde und wollen als solche behandelt werden. Das meinen wir, wenn wir von »Gleichwürdigkeit« sprechen. Wir folgen damit Jesper Juul, der diesen Begriff etablierte und der nicht müde wird, bei den Müttern und Vätern dieser Welt für ein gleichwürdiges Familienleben zu werben.

Wir, das sind Daniela und Linda. Beide sind wir Mütter zweier Kinder. Danielas Töchter sind 2011 und 2014 geboren, Lindas Söhne 2006 und 2010. Mit unseren Kindern und unseren Männern leben wir nicht weit voneinander entfernt, was sich als Glücksfall erwiesen hat. Begegnet sind wir uns erstmals 2012 bei einem familylab-Workshop. Nach vielen wertvollen Gesprächen hat sich eine Freundschaft entwickelt und 2016 dann sogar eine Arbeitsbeziehung. Viele Schritte sind wir gemeinsam gegangen – und nun freuen wir uns darauf, in diesem Buch einige dieser Schritte mit dir zu teilen.

In diesem Buch findest du in jedem Kapitel einen Theorieteil von Linda, hin und wieder begleitet von Experten-Inputs, und im Anschluss daran einen Praxiserfahrungsteil von Daniela. Außerdem haben wir Umfragen gemacht, bringen Erfahrungsberichte anderer Eltern ein und bieten praktische Wege, wie du deine Erkenntnisse im Alltag integrieren kannst. Wenn du magst, kannst du deine Gedanken in den mit »Reflexion« überschriebenen Seiten aufschreiben. So kannst du später, wenn du vielleicht nochmal in unser Buch hineinschaust, sehen, was du festhalten willst und wie du dich entwickelt hast.

Gedankenexkursion: Brokkoli und Banane

Um die Gleichwürdigkeit ein bisschen zu veranschaulichen, hier die Geschichte von Brokkoli und Banane. Stell dir vor, Herr Banane lernt Frau Brokkoli kennen und die beiden verlieben sich. Das ist toll, Frau Brokkoli ist begeistert: Er interessiert sich für ähnliche Dinge, sie haben dieselben Träume und Visionen, gemeinsam ist alles viel schöner; manchmal weiß er sogar, was sie denkt, bevor sie es sagt ... *Er ist wie ich!* Ihr Glück ist unfassbar.

Nach ein paar Monaten, wenn der Hormoncocktail wieder nachlässt, kommt der Moment, in dem Frau Brokkoli plötzlich feststellt: Herr Banane ist gelb und lang – ich bin grün und habe Wuschelhaare. Er liebt Schnitzel und Bier – ich stehe auf Sushi und Weißwein. Er tanzt zu Punk, ich bin im Team HappySound. *Er ist nicht wie ich!!!*

Jetzt könnte es losgehen mit Machtkämpfen darum, wer besser, wichtiger, wertvoller ist, was schöner oder gesünder ist usw. Einer würde sich über den anderen stellen und zum Beispiel verkünden: »Du mit deinem komischen Sushi, das kann man ja nicht essen!«, oder: »Dieses Gejaule ist unerträglich, du hast ja keine Ahnung von guter Musik!«

Die beiden haben definitiv unterschiedliche Meinungen, Geschmäcker, Vorstellungen, Träume ... Doch wenn die beiden es nicht nur aushalten können, sondern einander anerkennend zugestehen können, dass der jeweils andere anders ist, haben sie gute Chancen, langfristig zusammenzubleiben. Liebe ist da eine gute Grundlage. Es gibt ja den Witz: Man nennt es Liebe, wenn wir zusammenbleiben, *obwohl* wir einander kennen.

Es heißt jetzt für Frau Brokkoli und Herrn Banane, damit leben zu lernen, dass sie verschieden sind und trotzdem liebenswert. Und auch eine Beziehung zu führen, in der sie sich auf Augenhöhe begegnen, ohne Machtgefälle, ohne dass einer sich (bildlich) über den anderen stellt und für wichtiger, besser, stärker oder was auch immer hervortut.

DU BIST DU UND ICH BIN ICH.

Doch die Story geht noch weiter. Nun bekommen Frau Brokkoli und Herr Banane ihr erstes gemeinsames Kind! Das ist aufregend. Wird es ein Brokkoli, wird es eine Banane oder wird es ein Bananenbrokkoli? Oder doch mehr eine Brokkolibanane?

Nein! Was jetzt passiert, ist unglaublich, besonders nach allem, was wir in der Schule über Vererbungslehre gelernt haben: Die beiden bekommen eine Karotte!

Herr Banane findet, dass das Kind seinen Körperbau hat, Frau Brokkoli findet sich in der wallenden Mähne wieder. Alle sind glücklich ...

Es folgen noch weitere erstaunliche Geschwisterkinder: eine Erdbeere, eine Pflaume und ein Rettich. Jeder und jede darf sein, wer
sie und er ist. Doch Vorsicht: Wenn jetzt einer anfinge, aus der kleinen Karotte einen Brokkoli oder eine Banane machen zu wollen,
würde es ungemütlich. So in etwa: »Du bist eine Brokkolibanane!
Und solange du deine Füße unter unseren Tisch stellst, wirst du
dich wie eine Brokkolibanane benehmen!« Und richtig dramatisch
würde es, wenn Brokkoli und Banane damit sehr konsequent wären
und die später erwachsene Karotte fest davon überzeugt wäre, eine
Banane oder ein Brokkoli zu *sein,* eines Tages aber daraufkommt,
dass sie es *nicht* ist – sondern etwas ganz Eigenes!

Das Fazit der Gedankenexkursion: Kinder sind ganz individuelle
Wesen mit eigenem Körper und eigener Psyche. Sie lernen von uns,
wachsen mit uns auf. Dein Alltag ist ihre Kindheit. Sie haben deutlich weniger Erfahrung als wir Erwachsenen, vor allem mit gesellschaftlichen und sozialen Normen. Die dürfen sie von uns kennenlernen, aus Vorbildwirkung und geduldigem Dranbleiben.

Naomi Aldort schreibt dazu: »Eine der wichtigsten Botschaften,
die ich den Eltern mitgebe, ist die Eigenständigkeit des Kindes zu
schützen, sodass es mit sich selber in Verbindung bleibt und sein
Leben und seine Entscheidungen aus seinem Inneren heraus gestalten kann. Abhängigkeit von Anerkennung ist der Grund von
Unsicherheiten und Störungen in der Entfaltung des Kindes.[1]

Auch für die Kinder gilt: Du bist du und ich bin ich. Wir begegnen einander auf Augenhöhe, indem wir dem anderen sein Anders-
sein zugestehen und es anerkennen. Das nennen wir Gleichwürdigkeit. Wir sind unterschiedlich, haben unterschiedliche Rechte,
Pflichten und Verantwortung und sind doch gleicher *Würde.*

Es empfiehlt sich, eine möglichst neugierige, offene und wertfreie Haltung dazu einzunehmen, wer dein Kind ist, was es fühlt und was es braucht. Finde es heraus, jeden Tag aufs Neue! Denk an die kleine Karotte, die Erdbeere, den Rettich. Wer hätte je geglaubt, dass es so unterschiedliche Kinder von diesen beiden ebenfalls sehr unterschiedlichen Eltern geben könnte? Wer weiß, was da noch alles an Überraschungen lauert?

In einer gleichwürdigen Haltung gehst du von der Kooperationsbereitschaft deines Kindes aus. Die Bereitschaft zur Kooperation wird erst dann sinken, wenn das Kind gekränkt wird oder es überfordert ist, manchmal auch, wenn beides der Fall ist.

Dein Kind braucht deine Zuwendung, es braucht lebendigen Kontakt – also eine echte Beziehung zu dir. In dem Moment, in dem du sein Verhalten bewertest, verlierst du diese Verbindung. Kaum spielst du dich als moralische Instanz auf, geht der Machtkampf los. Dein Kind wird entweder zurückkämpfen oder sich geschlagen geben, also auf Rückzug gehen, weil du ihm zu mächtig erscheinst. »Macht brauchst du nur, wenn du etwas Böses vorhast. Für alles andere reicht Liebe«, schrieb Sir Charles Chaplin. Das sehen wir auch so, und das ist die Welt, in die wir dich mitnehmen wollen. Eine Welt voller Gleichwürdigkeit, bewusster Reflexion, Aufeinander-Einlassen und voller Erkenntnisse, Freude und Dankbarkeit – selbst für die Dinge, die schwierig sind und bei denen es länger dauert, zu erkennen, dass auch sie wichtig sind für den gemeinsamen Weg.

SCHRITT 1

Warum tut Schimpfen weh?

Es gibt einen Grund, weshalb du zu diesem Buch mit dem Titel *Die Schimpf-Diät. In 7 Schritten zu einer gelassenen Eltern-Kind-Beziehung* gegriffen hast. Vermutlich wird dir in manchen Situationen klar, dass du gerade gar nicht nett zu deinem Kind warst. Situationen, die du viel lieber anders gestalten möchtest, als sie bisher abliefen. Oder du willst es von vornherein anders machen als deine Eltern, die vielleicht nicht immer den sanften Weg gegangen sind.

Wir haben die Teilnehmerinnen und Teilnehmer am Workshop »Die Schimpf-Diät« gefragt, weshalb sie daran teilnehmen. Weshalb wollen wir alle weniger schimpfen? Hier einige ihrer Antworten:

- Weil es uns allen nicht guttut.
- Weil ich es anders als meine Eltern machen will.
- Weil ich nach anderen Lösungen für schwierige Situationen suche.
- Weil ich dieses ewige Rumgezeter satthabe.
- Weil ich diese negativen Emotionen wandeln will.
- Weil ich unter Druck ruhig bleiben will.
- Weil ich einen wertschätzenden Umgang beim Setzen von Grenzen finden will.
- Weil ich die Beziehung zu meinem Kind stärken und nicht schwächen will.

Wie alle Reinschreibseiten in diesem Buch dient die folgende Seite dazu, dir deine eigenen Beweggründe klarzumachen und deine eigenen Wege festzuhalten. Wenn du eine Zucker-Diät machen

Was sind deine Beweggründe, weniger schimpfen zu wollen?

Was ist Schimpfen für dich?

Was empfindest du als Geschimpftwerden?

Frag doch mal deine eigenen Kinder, was genau sie als Geschimpftwerden empfinden, also was sie unter Schimpfen verstehen. Gerne
kannst du auch fragen, wie es sich für sie anfühlt, geschimpft zu werden!

willst, solltest du erst mal wissen, wo überall Zucker drin ist, damit du ihn vermeiden kannst. Sicherlich ist es auch gut zu wissen, was Zucker mit deinem Körper anstellt, damit deine Motivation steigt, ihn zu reduzieren. Ebenso sollten wir erst mal wissen, was Schimpfen überhaupt ist – wo es drinsteckt und was es bewirkt –, damit wir es gut motiviert vermeiden können!

Was bedeutet Schimpfen für Kinder?

Wir haben Kinder gefragt, was Schimpfen für sie ist. Das haben sie geantwortet:

- Kraftausdrücke wie »du Arschloch«, böse Worte sagen, fluchen.
- Einen Anschiss bekommen, weil man etwas gemacht hat, was man nicht soll.
- Sätze wie: »Hör auf!«, »Macht das nicht!«, »Tu, was ich dir sage – jetzt!«
  Wenn jemand anderes böse/wütend auf mich ist.
- Laut werden.
- Schreien.
- Böse sein, böse schauen, böse reden.
- Wenn man einen anschreit oder wenn man jemandem etwas klar und deutlich ins Gesicht sagt, sodass man es im Körper nachhallen spürt und zittert.
- Dass ich schlimm war und Schimpfen ist jetzt die Strafe.
- Wenn du mich anschreist.
- Wenn du mich ermahnst und bis drei zählst.
- Wenn jemand meine Gefühle verletzt.

Hier wird deutlich, dass es verschiedene Arten gibt, das Wort Schimpfen zu verstehen. Zum einen gibt es das Schimpfen im Sinne von Fluchen oder der Verwendung von Kraftausdrücken, um seinen Ärger auszudrücken. Dieses Schimpfen kennt man zum Beispiel vom Autofahren. Gemeint ist ein eher unpersönliches, also gegen niemand Bestimmtes gerichtetes Ausdrücken von Ärgernissen, wenn etwas nicht klappt oder auch, wenn man sich weh tut (»Verflixt!«, »Scheiße!«, »Blöde Ampel!«).

Die andere Art zu schimpfen ist deutlich persönlicher, sie bezieht sich auf eine konkrete Person, die direkt angesprochen wird. Der Unterschied ist sehr deutlich spürbar.

Wie fühlt sich Geschimpftwerden für Kinder an?

Dann haben wir Kinder gefragt, wie es sich anfühlt, geschimpft zu werden. Hier ihre Antworten:

Schmerz, Trauer
- Es ist wie ein Stich in die Mitte vom Körper.
- Ich fühle mich getroffen. So innerlich. Das fühlt sich kalt an.
- Es tut einfach weh.
- Ich muss dann meistens weinen.
- Ich bin böse oder beleidigt.
- Es ist ein blödes Gefühl im Inneren. Es nervt mich.
  Im Herz tut's weh.
- Nicht gut, traurig.
- Schnuller *(Kleinkind)*.

Schuldgefühle und Scham

- Fühlt sich nicht angenehm an, ich denke mir dann immer, warum hab ich das gemacht. Irgendwie fühl ich mich dann so klein.
- Ich glaube dann, dass ich etwas falsch gemacht hab.
- Da fühle ich mich schlecht.
- Das ist peinlich, ich schäme mich.
- Ich fühle, dass ich mich selbst klein machen muss, fühle mich schuldig.
- Ich denke:»O Mann, warum hat die mich jetzt schon wieder ertappt«, und ich denke:»Hoffentlich vergisst derjenige, der mich geschimpft hat, das bald wieder«.

Angst, Distanz

- Ich glaube dann, jetzt will sie mich nicht mehr.
- Ich habe Angst, dass das nie wieder aufhört.
- Wenn du so schreist, trau ich mich nicht mehr in deine Nähe.
- Am liebsten will ich dann weglaufen.

Weiter haben wir Kinder gefragt, was sie am liebsten machen wollen, wenn sie geschimpft werden. Sie meinten:

- Ich werde wütend!
- Am liebsten will ich dann hauen und richtig grob sein.
- Ich will in der Zeit zurück- oder vorspringen.
- Am liebsten ins Bett legen und weinen.
- Auf ein Kissen hauen (aber ich vergess es immer). Rausgehen, weggehen, nicht dorthin gehen.
- Kurz nachher würd ich dich am liebsten vor Wut zerquetschen, damit du kleiner bist als ich. Etwas später möchte ich mich schnell versöhnen und gekuschelt werden.

::: Hört auf. Ich hab eine Idee: Wir backen einen Kuchen.
Also etwas Schönes machen.
::: Sagen, dass es nicht o. k. ist.

Wir haben Kinder gefragt, was sie glauben, was der Grund dafür sein könnte, dass sie geschimpft werden.

::: Weil ich so dumm bin.
::: Weil ich vielleicht etwas gemacht habe, das ich nicht tun darf.
::: Wenn ich meinem Bruder was weggenommen hab.
::: Weil ich nicht folge.
::: Weil ich schlimm war.
::: Weil ich was falsch mache.
::: Weil ich etwas nicht kann.
::: Weil die Erwachsenen wütend sind.
::: Weil sich die Erwachsenen nicht unter Kontrolle haben (!)
::: Weil ich keine Hausaufgaben machen mag.
::: Keine Ahnung!
::: Schimpfen ist wie Strafen: Wenn wir etwas nicht können, müssen wir dafür Kniebeugen machen (!)

Die berührende Antwort »Weil ich so dumm bin« zeigt uns den messerscharfen logischen Schluss eines Kindes, das wiederholte Zurechtweisungen, Ermahnungen und anderes erlebt: Es bezieht die Ursache auf seine eigene Unzulänglichkeit, sein Fehlverhalten und seine Inkompetenz. Schimpfen wird selbstverständlich *persönlich* genommen, auch von Erwachsenen. Sie beziehen es auf sich als Auslöser: »Irgendetwas stimmt mit mir nicht, sonst müssten die anderen nicht so viel schimpfen.« Deshalb sprechen auch viele Kinder davon, sich schuldig zu fühlen.

Du kannst deine Kinder jetzt auch fragen, was sie denken, woran es wohl liegt, dass sie von Erwachsenen geschimpft werden. Schreib es auf, damit es festgehalten ist. So kannst du später darauf zurückkommen, wenn es mal wieder schwierig wird.

Und schließlich unsere Frage an die Kinder, was Schimpfen verhindern könnte. Ihre Antworten:

- Brav sein und folgen.
- Wenn ich schneller folge, dann muss Mama nicht bis drei zählen und nicht schimpfen.
- Indem man nichts Verbotenes tut.
- Dass man fragt, ob man diese oder jene Sache tun darf, das hasse ich!
- Indem ein anderes Kind die Lehrerin mit einer lustigen Sache ablenkt.
- Zu Mami und Papi gehen.
- Entschuldigung sagen.

Je nach Möglichkeit gehen Kinder in die Kooperation, in die Anpassung oder auch in die Vermeidung Schimpfen auslösender Situationen. Ablenkungsmanöver, um die eigene Integrität zu leben, und die Variante, zu tun, was man für richtig hält, und sich im Anschluss zu entschuldigen, sind weitere Möglichkeiten. Diese setzen aber erst eher ältere Kinder ein, weil diese Art der »Manipulation« erst mit etwas mehr Lebenserfahrung möglich wird.

Die Antworten zeigen, dass Kinder sehr wohl verstehen, was direkte Kooperation bedeutet und welche Wirkung sie hat: Sie verhindert beziehungsweise reduziert nämlich das Schimpfen. Sie betreiben also sozusagen Schimpf-Dumping.

Was bedeutet Schimpfen für Erwachsene?

Wenn man bedenkt, wie schwer es für Kinder im Grundschulalter ist, emotionale Erlebnisse in Worte zu fassen, sind ihre Antworten sehr beeindruckend. Wir haben Erwachsenen die gleichen Fragen gestellt wie den Kindern. Hier ist ein Auszug unserer recht ausführlichen Sammlung von Antworten auf die Frage, was von Erwachsenen als Schimpfen verstanden wird:

- Laut werden, Anschreien, Anbrüllen, aggressiver Tonfall, Explodieren, Impulskontrollstörung.
- Meckern, Lästern.
- Unter Druck setzen (»Ich zähle jetzt bis drei!«).
- Sätze mit Füllwörtern wie »schon wieder«, »immer«, die also Generalisierungen darstellen und sehr gerne für Vorwürfe aller Art genutzt werden (»Du räumst nie dein Zeug weg!«).
- Maßregeln (»Das ist/du bist nicht in Ordnung«).
- Moralisieren (»Das tut man nicht!«; »Das kannst du doch nicht machen!«).
- Belehrungen (»Das ist so nicht richtig, das musst du so machen!« Vorhalten, was als Nächstes zu tun ist).
- Zurechtweisung (»Jetzt hab ich dir schon sooo oft gesagt, dass du das lassen sollst!«).
- Schuldzuweisungen (»Wegen dir ist das jetzt so!«).
- Erniedrigung (»Wie dumm kann man eigentlich sein?«).
- Abwertung (»Aus dir wird nie was«; »Du kannst das ja eh nicht«).
- Sarkasmus (»Überarbeite dich bloß nicht!«), Zynismus (»Kein Wunder, dass die heutige Jugend nichts mehr zustande bringt, wenn alle nur vor dem Computer hocken«).
- Ironie (»Da wird sich der Papa aber freuen!«).
- Drohungen (»Wenn du nicht…, dann…!«).
- Negative Kommentare (»Wie es hier wieder aussieht!«).
- Negieren von Gefühlen (»Stell dich nicht so an!«).
- Rollenzuschreibungen (»Du Streber!«).

::: Herablassende Worte, Klein machen, ein ungutes Gefühl erzeugen.

Ironie, Sarkasmus, auch Zynismus sind Konzepte von Erwachsenen, die Kinder noch gar nicht verstehen können. Sie nehmen das, was sie hören, für bare Münze und glauben es so, wie sie es gehört haben. Also nicht wundern, wenn dein Kind dem Papa dann eine besondere Freude machen will, wenn du ironisch sagst:»Da wird der Papa sich aber freuen!«

Erwachsene verstehen kognitiv, was gemeint ist, jedoch auf der Seelenebene wird auch bei Erwachsenen eine sehr einfache, kindliche Sprache gesprochen und verstanden. Daher empfehle ich auch allen Erwachsenen, in der Kommunikation mit sich selbst und anderen auf Ironie, Sarkasmus und Zynismus zu verzichten. Womöglich glaubst du dir unbewusst doch das, was du sagst, und schadest dir damit. Das wäre doch zu schade, oder?

Wie fühlt sich Geschimpftwerden für Erwachsene an?

Wenige Erwachsene sind in der Lage, so klar wie Kinder zu beschreiben, wie sie es erleben, geschimpft zu werden. Erwachsene interpretieren stärker. Auf die Frage, wie es sich körperlich, seelisch, mental anfühlt, geschimpft zu werden, antworteten sie:

::: Ich fühle mich unfähig, hilflos, rundherum falsch.
::: Erniedrigt und klein.
::: Ich fühle mich klein, wertlos, ohne Bedeutung. Es macht ein schlechtes Gefühl, oft steigen die Tränen hoch.
::: Herabgesetzt, gedemütigt, klein, schlecht.

- Schrecklich.
- Enttäuscht, verloren, kein Selbstbewusstsein, Frustration.
- Nicht schön. Man fühlt sich angegriffen, verletzt, je nach Situation unverstanden, Unverständnis der Reaktion gegenüber, Überreaktionsempfinden, traurig, verletzt.
- Wenn das Schimpfen zu Recht kommt, dann weiß man sofort, was falsch war.
- Man verkrampft innerlich und äußerlich – man ist irgendwie in einer Schockstarre und fühlt sich unbewusst schlecht.
- Sich angegriffen fühlen, unverstanden, sich rechtfertigen wollen, traurig, aber zugleich wütend, Gefühlschaos, übertriebene Reaktion, verletztes Ich.

Wenn man das liest, bekommt man den Eindruck, dass die Erwachsenen auf einmal zu Kindern werden, wenn sie geschimpft werden. Die Beschreibungen »klein« und »wertlos« kommen bei den Kindern nicht vor, es sind ja auch eigentlich keine Gefühle (es wurde gefragt: Wie fühlst du dich?), sondern Bewertungen beziehungsweise Interpretationen. Und Kinder sind ja auch tatsächlich klein ...

Der Begriff »wertlos« passt zu einem alten Bild von Erziehung, das Kinder nicht als vollwertige Menschen ansieht, sondern als asoziale Wesen, die erst zu anständigen Erwachsenen gemacht werden müssen – und zwar durch Er-ziehung. In diesem Wort steckt »ziehen«, was impliziert, man müsse an den Kindern ziehen, um etwas aus ihnen zu machen, was sie ohne Fremdeinwirkung nicht erreichen könnten.

In gewisser Weise stimmt das auch. Wenn man den Prozess der Zivilisation betrachtet, so hat es Jahrhunderte gedauert, gesellschaftliche Verhaltensregeln zu standardisieren (wie wir uns bei Tisch benehmen, wie soziale Sprache gesprochen wird, wie man Respekt und Höflichkeit signalisiert usw.). Unsere Kinder lernen diese Regeln in sehr verkürzter Zeit, allerdings überwiegend durch Nachahmung. Ja, manchmal ist es notwendig, Vorgänge zu üben und durch millionenfache Wiederholung anzutrainieren, weil sie nicht naturgegeben sind, sondern eben Zivilisationsstandard. Und das bedeutet für uns als Eltern, dass wir manche Verhaltensmuster millionenfach begleiten dürfen, bis unsere Kinder sie als Standard integriert haben.

Wenn wir beim Trainieren, Lernen, Entdecken, sprich beim Entwickeln, durch Schimpfen unterbrochen werden, bewirkt es, dass wir uns nicht so wertvoll fühlen, wie wir es möchten, und das zieht Reaktionen nach sich.

> »Es ist nicht leicht, Kind zu sein, nein!
> Es bedeutet, dass man ins Bett gehen,
> aufstehen, sich anziehen, essen, Zähne
> und Nase putzen muss, wenn es
> den Erwachsenen passt – und nicht
> einem selbst. Es bedeutet, dass man sich
> von jedem Erwachsenen klaglos
> die persönlichsten Kommentare
> über sein Aussehen, den Gesundheits-
> zustand, die Kleidung und die Zukunfts-
> aussichten anhören muss. Ich habe mich
> oft gefragt, was passieren würde,
> wem man anfinge, die Erwachsenen
> auf gleiche Weise zu behandeln.«
>
> ASTRID LINDGREN

Erwachsene, die geschimpft werden, reagieren ähnlich wie Kinder. Sie nannten als Reaktionsweisen:

Angriff

- Aggression, Ärger, Wut.
- Ich will am liebsten etwas kaputthauen.
- Habe das Bedürfnis, mich zu rechtfertigen.

Flucht/Rückzug

- Davonlaufen.
- Sich verkriechen, weggehen oder auf Angriff gehen.
- Nichts wie weg wäre das Beste!
- Man würde sich am liebsten in Luft auflösen oder verkriechen ... in ein schalldichtes Schneckenhaus.
- Man will in Ruhe gelassen werden.
- Schultern hängen lassen, trauriger Blick, kraftlos.

Suche nach Nähe/Verständnis/Empathie

- Ich wünsche mir eine Umarmung, getröstet zu werden.
- Weinen.

Alle drei Wege sind ganz natürliche Reaktionen auf Abwertung. Einerseits sind sie Formen der Abgrenzung, andererseits verzweifelte Versuche, Verbindung zu suchen. Menschen wollen sich wertvoll fühlen als die, die sie sind, also für sich selbst und auch für die Gemeinschaft, der sie angehören wollen. Wir alle wollen geachtet werden in unserem So-Sein und dazugehören dürfen. Das sind zwei ganz basale Bedürfnisse: Sein dürfen, wer wir sind, und dazugehören. Existenz und Verbindung.

Wenn wir jedoch in unserem Sein nicht geachtet werden, sogar kritisiert und womöglich noch bedroht, deshalb ausgeschlossen zu werden, bringt uns das ganz schön in Not. Entsprechend reagieren wir mit Notfallmustern: Angriff, also Aggression, oder Flucht: der Impuls wegzulaufen oder uns zurückzuziehen. Der dritte Reaktionsimpuls auf Geschimpftwerden, der Wunsch nach Verständnis, ist naheliegend: Genau darum geht es ja beim Geachtetwerden.

ICH BIN DA UND ICH GEHÖRE DAZU.

Wie Schimpfen wirkt

Aus den Beschreibungen der Kinder, wie es sich anfühlt, geschimpft zu werden, lässt sich einiges zusammenfassen: Sie spüren Schmerz, Scham, Schuldgefühle, Angst, Trauer, Distanz, Frust ... Das sind allesamt Gefühle, die weniger angenehm wahrgenommen werden, als etwa Freude oder Liebe.

Geschimpft zu werden tut weh, weil es einerseits eine Grenzüberschreitung darstellt: Die Integrität des Kindes wird verletzt, in Gedanken, Worten und Gefühlen. Andererseits nennt man das, was bei Zurechtweisung, Ablehnungen oder Abwertung wehtut, in den Neurowissenschaften »soziale Schmerzen«. Unser Schmerzzentrum im Gehirn macht keinen Unterschied, ob wir uns ein Bein gebrochen haben oder von einem Menschen geschimpft werden.

Wenn man einem Kind sagt, dass es so, wie es ist, nicht in Ordnung ist, stellt das einen Übergriff dar. Da gibt es jemanden, eine bewertende Instanz, die darüber entscheidet, ob es in seinem Sein

Will ich DAS?

WILL ich das?

Will ICH das?

gut oder schlecht ist. Das ist ohne Machtgefälle gar nicht möglich; es bedeutet, da steht jemand über dem anderen und spricht zu ihm herunter. Dieser Jemand hat die Macht, zu bewerten und zu urteilen, und das Kind ist zwangsläufig unterlegen.

Niemand lässt sich gerne abwerten, erniedrigen und unter Druck setzen. Machtgefälle sind generell, und in Liebesbeziehungen ganz besonders, ungesund.

Geschimpft zu werden tut andererseits auch deshalb weh, weil wir unser Bedürfnis nach Zugehörigkeit bedroht sehen. Wenn ich nicht o. k. bin, darf ich schlimmstenfalls nicht mehr mitmachen, werde ausgegrenzt oder ausgeschlossen.

Bei den eigenen Eltern, von denen ich als Kind nicht nur abhängig bin, sondern zu denen ich auch in einem Liebesverhältnis stehe, kommt auch noch die Angst vor Liebesentzug dazu. Und das ist sehr bedrohlich! Wenn sich ein Kind der Liebe der eigenen Eltern nicht sicher sein kann, hat das üblicherweise lebenslange Nachwirkungen für seine Beziehungsfähigkeit und den Selbstwert.

Prof. Dr. Gerald Hüther, Neurobiologe:
▓▓▓▓ »Wenn ein Kind zum Objekt elterlicher Erwartungen, Wünsche, Ziele, Vorstellungen oder Maßnahmen gemacht wird, dann zerreißt dieses Band zu den Eltern«, sagt Hüther. »Und das geht mit einem großen Schmerz einher.« Der Schmerz ist so groß, so führt er aus, dass er sogar noch im Gehirn von Erwachsenen nachgewiesen werden kann. Bringt man erwachsene Männer in einem Computertomografen in eine Situation, in der sie sich ausgeschlossen fühlen, wird ein bestimmter Bereich im Gehirn aktiviert. Und zwar der Bereich, der auch aktiviert wird, wenn man ihnen körperliche Schmerzen zufügt. Kinder, die spüren, dass sie nicht so geliebt werden, wie sie sind, empfinden also im Grunde sehr großen Schmerz. Die natürliche Reaktion darauf ist der Versuch, diesen Schmerz los-

zuwerden. Und in diesem Moment verlieren die Kinder ihre Leichtigkeit, ihre Unbeschwertheit.

»Die meisten Kinder reagieren auf diesen Schmerz, indem sie sich anstrengen, das zu machen und so zu werden, wie ihre Eltern das wollen«, erläutert Hüther. »Und da das dann später in der Schule, an der Universität und überhaupt im Leben nie aufhört, bleiben die Kinder ständig außenorientiert und sind immer abhängig von der Bewertung anderer Menschen.« Und es kommt noch schlimmer: »Wenn die Kinder sich derart verbiegen, ist der Schmerz zwar vorbei, aber sie führen im Grunde nie ein glückliches Leben, weil sie nie loslassen können. Sie sind immer unter Anspannung und müssen sich immerzu anstrengen«, sagt der Hirnforscher.

Ein Kind, das sich nicht gesehen fühlt, müsse anderen schließlich zeigen, dass es noch da ist. »Wir würden die Klugscheißer, Besserwisser und Alleskönner dieser Welt loswerden, wenn es uns nur gelänge, unsere Kinder so großzuziehen, dass sie nicht das Gefühl haben, sich anstrengen zu müssen, um von uns geliebt und um gesehen zu werden.«[2]

Danielas Erkenntnisse für den Mama-Alltag

Was Schimpfen ist und warum es wehtut, kam bei unseren Befragungen richtig gut heraus: Es ist traurig und berührend zugleich, wie sehr es an uns liegt, das grundlegende Wohlbefinden und den Selbstwert unserer Kinder zu beeinflussen, indem wir sie erniedrigen, schimpfen, maßregeln, unsere Macht ausspielen – oder eben nicht. Selbstverständlich sorgen wir täglich dafür, dass die Kinder es warm haben und dass alle satt sind, und dann vergessen wir im Trubel andere nicht unwesentliche Aspekte: die

Wahl unserer Worte zum Beispiel ...

Mitten im Stress und in der Hektik des Alltags sind es einzelne Sätze, denen wir selbst viel zu wenig Bedeutung zumessen. »Tu, was ich dir sage – *jetzt!*« Mit solchen Aussagen fühlen sich Kinder geschimpft und zurechtgewiesen. Sie fühlen sich klein, allein und unverstanden, und ihre traurige Schlussfolgerung ist, nicht »richtig« zu sein.

»Ein Kind hat immer das Gefühl, dass es die richtige Person am richtigen Ort zur richtigen Zeit ist«, sagt André Stern.[3] Genau das Gegenteil vermitteln wir, indem wir schimpfen, bewerten und »schubladisieren«.

»Mach doch nicht immer ...!« »Tu doch nicht so ...!« »Stell dich nicht so an!« Aussagen und Zurechtweisungen wie diese suggerieren dem Kind, dass es nicht den Vorstellungen entspricht, dass es sich unangebracht verhält oder im schlimmsten Fall, dass es nicht gut genug ist.

Sätze wie die in den genannten Beispielen fallen nicht nur aus Wut oder aufgrund eines akuten Auslösers, sondern häufig einfach aus dem Gefühl der eigenen Ohnmacht oder der Überforderung. Ich bin selbst in einer Familie mit Machtgefälle aufgewachsen und falle in stressigen Situationen in erlernte Muster zurück, in denen alte Glaubenssätze mich komplett einnehmen (z. B.: Wenn ich jetzt nicht konsequent bleibe, dann merkt das Kind sich das nicht).

Zerreißprobe Alltag

Wenn wir Erwachsene den Druck der Gesellschaft und des Gesellschaftssystems, in dem wir leben, zu spüren bekommen, dann brauchen wir eine enorme Kraft, um ihn abzufedern. Termine, Pflichten, Schule, Deadlines, all das macht uns zu dem, was wir im Alltag sind: ein feines Räderwerk, in dem jeder Einzelne von uns seinen Beitrag leisten muss.

Solange ein Baby mit Nahrung und Schlaf, Nähe und Geborgenheit gut auskommt und alle gesund sind, ist das Familienleben in den neuen Bahnen noch gut überschaubar. Meist ist die Zeit nicht ganz so akkurat eingeteilt und die Familie kann sich erst mal finden und jedes neue Mitglied seinen Platz einnehmen.

Babys, die beginnen, mobil zu werden, Kleinkinder, die ihren Willen entdecken und ihren Unmut laut äußern, bringen uns an den Rand dessen, was wir unter Geduld verstehen. Diese spannende Phase fällt nicht selten mit der Rückkehr der Mutter in den Job zusammen, und plötzlich sind da gefühlte Welten zwischen der Babyzeit, dem neuen Leben mit Kind und dem beinharten Alltag.

»Trotzphase« hören wir uns rufen – aber in Wahrheit ist es die ganz normale Entwicklung vom Säugling zum unabhängigen Menschen, die die Kinder durchlaufen und wobei wir sie begleiten dürfen. Was es so schwer macht, ist das starre Korsett namens Alltag.

Wir entdecken jeden Tag aufs Neue unsere eigenen Grenzen und spüren deutlich, wo es nicht mehr weitergeht. Zumindest ist es mir so ergangen und ich fühle das bisweilen heute so.

Sag STOPP!

Grenzen sind wichtig! Sie zeigen, wo man selbst als Person steht, was einen berührt, was traurig macht. Wo ist der Quell der eigenen Freude? Was ist ein Trigger für meine Wut und wie ist meine Reaktion? Das Erkennen der eigenen Grenzen, physisch und psychisch, ist ein wesentlicher Teil, um entsprechend zu kommunizieren.

Ich kann es zum Beispiel überhaupt nicht gut aushalten, wenn ich schon morgens mit schlechter Laune in Kontakt komme. Ich bin selbst kein Morgenmensch und es fällt mir nicht jeden Tag leicht, gut zu starten, aber ich habe mir für mein Leben eine Strategie zurechtgelegt. Ich liege noch einige Minuten im Bett, spanne alle

Muskeln an und versuche, mich dann wieder zu entspannen. Kreisende Bewegungen mit den Hand- und Fußgelenken und einmal kräftig recken und strecken, und dann darf der Tag beginnen. Der neue Tag hat die Chance, ein guter zu werden.

Wenn ich nun mit Gebrüll, Streit und mieser Laune »begrüßt« werde, dann bricht dieses zarte Gerüst le cht zusammen und ich brauche Stunden, um mich wieder aufzurichten. Meine Reaktion an solchen Tagen ist dementsprechend wenig freundlich ...

Es hat einige Zeit gedauert, bis ich das selbst erkannt und verstanden habe, und natürlich ist es nicht immer einfach für meine Familie, das zu berücksichtigen. Aber ich werde nicht müde, es ihnen immer wieder zu sagen: »Ich bin morgens gut gelaunt und möchte den Tag gut begrüßen. Ich sehe, du bist traurig / zornig / genervt / müde, aber ich werde dir diese Gefühle nicht abnehmen können. Ich kann sie jetzt auch noch nicht gut begleiten.«

So was fällt mir nicht leicht, denn es ist tief in mir drin, dass ich die Kinder »immer« verstehen und unterstützen »muss«. Aber ich habe beschlossen, dass ich das nicht in den ersten 30 Minuten des neuen Tages mache. Mit dieser Haltung und der eigenen Ehrlichkeit komme ich gut zurecht und inzwischen meist auch meine Kinder, denn es geht dabei nur um mich. In dem Fall ist es mir sehr wichtig, den Kindern zu versichern, dass es nicht an ihnen liegt, sondern dass es meine Grenze ist, die ich zeige.

Einer der Gründe, warum ich einen anderen Weg eingeschlagen habe und mich immer wieder neu ausrichte: Ich will weniger schimpfen! In den vielen Gesprächen mit Linda ist es klar und spürbar geworden, was alles als Schimpfen empfunden wird. Meine eigenen morgendlichen Startschwierigkeiten waren in der labilen Stimmung der ersten Stunde sicher oft ein fehlinterpretiertes Schimpfen, das ich nie so gemeint habe. Aber es kam dennoch als Zurechtweisung und Angriff an – und genau das will ich vermeiden!

Wenn man erkennt, wann das Gegenüber sich klein, geschimpft, erniedrigt und nicht ernst genommen fühlt, wird schnell klar, dass so ein Verhalten die schlechte Stimmung noch mehr anheizt und die Situation am Ende sogar oft eskalieren lässt. Es ist eine große Chance, die mir da täglich geboten wird: Ich kann mich selbst und meine Wirkung auf die nächsten Mitmenschen erkunden. Wie reagiere ich, wenn ...? Warum bringt mich ... so in Rage?

Oft sind es Erinnerungen an die eigene Kindheit, die uns in bestimmte Verhaltensmuster kippen lassen. Ich selbst neige dazu, eine Art Schuldgefühl zu entwickeln, wenn es den anderen Familienmitgliedern nicht so gut geht. Damit umzugehen ist fast genauso schwer, wie es anzuerkennen. Seit ich das erkannt habe, kann ich es zumindest aktiv versuchen.

Sich selbst auf die Schliche zu kommen und nach und nach zu erforschen, woher die eigenen Glaubenssätze und Verhaltensmuster kommen, ist wahnsinnig anstrengend, aber es lohnt sich sofort.

Einfache Sätze, klare Worte

Manches Mal gelingt es mir, gleich den direkten Draht zu finden, und das geht am besten, wenn ich auf Augenhöhe mit den Kindern bin. Ich setze mich auf den Boden, halte Augenkontakt und nehme ihre Hände in meine.

»Was ist es, was dich stört? Was kann ich ändern, damit es dir besser geht?« Die offenen Fragen werden manchmal beantwortet und ein anderes Mal bleiben sie einfach stehen. Aber immer fühlt das Kind sich gehört und spürt die Chance, etwas aktiv beitragen zu können.

Auch wenn die Methode nicht unmittelbar greift, sind es die kurzen Momente der vollen Aufmerksamkeit, die nötig sind und die gut nachwirken. Wir besprechen oft ein paar Stunden später das Thema nochmal, und mit etwas Abstand sind es dann die Eindrücke der Kinder, die so deutlich machen, worum es ging.

»Aber ich wollte dir doch sagen, dass der Toast so (zeigt diagonal) von einer zur anderen Ecke geschnitten werden soll! Aber du warst zu schnell!«

Das alles ist mir allerdings fast unmöglich, wenn ich zeitlich unter Druck bin, die Milch auf dem Herd anbrennt, die Waschmaschine piepst und gleichzeitig die Post an der Tür klingelt. Dann hilft nur aushalten und eines nach dem anderen erledigen.

Weniger ist mehr

Je mehr ich darüber nachdenke, desto klarer wird der Weg sichtbar: Ich will zuhören und verstehen, was mein Kind braucht. Kinder kommunizieren nicht immer in klaren Worten und selten dann, wenn man sie konkret fragt, aber wer viel Zeit *aktiv* damit verbringt, die eigenen Kinder zu beobachten, ihnen zuzuhören, wenn sie von sich aus erzählen, und die Wortwahl wirken lässt, erkennt nach und nach recht deutlich, wie sie ihre Umwelt wahrnehmen. Die Persönlichkeit und das Wesen eines Kindes wird immer markanter und gibt uns die Chance, es wirklich in seiner Ganzheit wahrzunehmen.

Meine Kinder haben früh sehr viel gesprochen und verwickeln mich regelmäßig in lange und teilweise anstrengende Diskussionen. Oft sind es aber die wortlosen und stillen Momente, die ihre Wesenszüge erahnen lassen. Wie beobachten sie andere Kinder? Wann bringen sie sich in eine neue Gruppe ein? Wie gehen sie damit um, wenn andere Menschen Hilfe brauchen? Wie reagieren sie auf Tränen, Lachen oder Wut bei anderen Kindern?

Da sind es wenige Augenblicke und einzelne Situationen, die lange nachwirken. Manchmal kommt dann ein Thema Tage später auf, sie spielen es im Spiel nach oder fragen ganz konkret, warum etwas so oder so gelaufen ist oder warum andere Menschen anders reagieren als ich. Mit der Zeit habe ich gelernt: Ihre Rollenspiele erzählen ganz viel von ihrer Sicht auf die eigene Welt und von eigenen Erlebnissen. Alles, was Kinder sehen, hören und nicht zuletzt auch das, was sie gesagt bekommen, fließt in das ein, was sie als ihre Welt annehmen. Sie ahmen nach, übernehmen und wiederholen, was sie hören und sehen – das ist ihre beste Möglichkeit, schnell zu lernen.

Für ein Kind ist diese, seine Welt die einzige und die perfekte. Es liegt an uns, diese Welt eine gute sein zu lassen. Schimpfen und zurechtweisen greift genau in dieses wertvolle Gefüge ein: Wir sagen dem Kind, dass es eben nicht richtig ist, so wie es *jetzt und hier* gerade ist.

Ich empfinde es als sehr lehrreich, meinen Kindern zuzuhören und ihre Sicht auf die Menschen zu erkennen oder es zumindest ehrlich zu versuchen. Es sind die wertvollen Gespräche, die oft zufällig entstehen! Das gelingt mir nicht gut, wenn ich das Handy in der Hand habe, mitten in einer Beschäftigung bin oder Sorgen habe.

Wie schaffe ich es, dass meine Kinder sich mitfühlend und empathisch entwickeln? Diese Frage habe ich mir schon vor einigen Jahren immer wieder gestellt und die Antwort, die ich mir selbst darauf geben würde, ist: »Durch mein Vorbild.«

SCHRITT 2

Warum schimpfen wir überhaupt so viel?

Oft haben wir als Eltern unsere eigenen Vorstellungen, wie die Dinge zu laufen haben. Wir haben unsere Verpflichtungen wie pünktlich im Büro sein zu müssen und dann sind da noch unsere Ideen von »guter Erziehung«, die uns immer wieder mal in eine Haltung bringen, die nicht beziehungsorientiert ist. Die meisten von uns haben von klein auf gelernt, sich nach außen zu orientieren, also zu berücksichtigen, was andere von uns denken könnten und was von uns erwartet wird. Viele wurden mit Angst manipuliert: »Wenn du nicht …, dann darfst du nicht mehr mitmachen.« Für so soziale Wesen wie uns Menschen stellt es eine ernst zu nehmende Bedrohung dar, wenn wir nicht mehr dazugehören dürfen. Also kooperieren wir lieber, als uns selbst treu zu bleiben. Zum Beispiel bekennt Walter Kohl in seinem Buch mit dem bezeichnenden Titel *Leben oder gelebt werden:* »Ich war nicht ich selbst. Ich war eine fremdgesteuerte Kümmer- und Funktionsmaschine, auf verzweifelter Suche nach Bestätigung und Anerkennung.«

Je mehr wir uns selbst als fremdgesteuert erleben, umso höher ist die Gefahr, auszubrennen – und vorher nochmal kurz auszuflippen. Unsere Gelassenheit leidet, weil wir erschöpft sind vom Dienen und von der Anforderungsflut. Wir sagen und tun dann Dinge, die wir im entspannten Zustand niemals sagen oder tun würden. Wir sind in so einem Moment nicht mehr wir selbst, und das tut uns meistens nachher leid.

Selbstbestimmung ist also ein wichtiger Faktor für unser Wohlbefinden.

»Rezepte« für Eltern gibt es nicht

Wenn es so einfach wäre und »Rezepte« in der Erziehungs- und Beziehungswelt bei allen gleich wirkten, müssten wir nur gewisse Formeln anwenden, Sätze aussprechen, den Zauberstab schwingen und schon würde alles so laufen, wie wir uns das vorstellen.

Glücklicherweise sind Menschen sehr unterschiedlich, was das Miteinander-Auskommen sehr spannend machen kann. Dabei spielen unterschiedliche Charaktere, Vorlieben, Stärken, Meinungen, Bedürfnisse und Ähnliches große Rollen. Unter bestimmten Voraussetzungen kann es aber tatsächlich funktionieren, dass ein paar Handlungsalternativen ausreichen, um eine nachhaltige Verbesserung der Beziehung zu bewirken. Es kann zum Beispiel durchaus ausreichend sein, die »7 Alternativen« (siehe Schritt 6) kennenzulernen, zu üben und dann immer anzuwenden. Das Schimpfen hört auf, und alles ist gut.

Erfahrungsgemäß ist es bei den meisten Eltern etwas komplexer, weil viele Dinge in die Beziehungswelt hineinspielen: etwa die eigenen Beziehungserfahrungen, eigene Erwartungen, die belastenden Umgebungsbedingungen des 21. Jahrhunderts, körperliche, mentale und psychische Schwankungen und vieles mehr.

Wenn du von alledem frei bist, brauchst du vielleicht wirklich nur ein paar neue Ideen, wie du mit deinem Kind reden könntest. In diesem Fall blättere jetzt bitte weiter zu Schritt 6. Du kannst dir den Teil dazwischen sparen. Wenn es nicht so ist, lass uns weiter gemeinsam dranbleiben und forschen: Weshalb schimpfen wir überhaupt mit den Kindern?

Was sind Gründe und Auslöser dafür, dass du schimpfst?

Häufige Ursachen

Überforderung

Einer der am häufigsten von Eltern genannten Gründe zu schimpfen, ist Überforderung. Hier einige Gedanken, die Eltern in unseren Umfragen äußerten, warum und wann sie sich überfordert, verunsichert und hilflos fühlen:

::: Wenn ich beruflich im Stress bin. Wenn äußere Umstände mich dünnhäutig machen. Wenn wir pünktlich aus dem Haus gehen sollten und ewig brauchen.

::: Zeitdruck wegen Terminen (Kinderarzt, rechtzeitig in die Arbeit müssen usw.).

::: Wenn Folgen von Handlungen zu kompliziert zu erklären sind.

::: Wenn alle was gleichzeitig brauchen, wenn drei Kinder unter fünf Jahren verschiedene Bedürfnisse haben und der Jüngste (sieben Monate) darunter leiden muss, dass die Älteren nicht mehr kooperieren können. Dann hab ich drei brüllende Kinder und bin voll im Weltuntergangsmodus.

::: Wenn mein zweijähriger Sohn vom Wickeln oder Anziehen wegläuft.

::: Wenn ich trotz mehrfacher Bitte und Aufforderung ignoriert werde.

::: Wenn sie absichtlich etwas kaputt machen oder Gegenstände schmeißen, weil sie wütend sind. Wenn die Große die Kleine stößt, schlägt, beißt … Wenn ich gefühlt schon hundertmal etwas gesagt und erklärt habe und immer noch genau das andere gemacht wird, explodier ich beim 101. Mal dann schon.

::: Wenn das Kind am Abend nicht und nicht zur Ruhe kommt und nicht einschlafen kann und es stundenlang dauert.

- Wenn es gefährlich wird / Gefahr im Verzug ist, dann werde ich meist laut.
- Wenn ich mich eigentlich zwischen zwei Kindern aufteilen müsste, damit ich alle Bedürfnisse der beiden befriedigen kann und ihnen als Mutter gerecht werde.
- Wenn meine Elfjährige mal wieder alles vergisst und trödelt, trödelt, trödelt und dann auch noch lügt.

Das Leben heutzutage ist oft fordernd und anspruchsvoll. Die Umgebungsbedingungen für uns hochzivilisierte »Erste-Welt«-Menschen im 21. Jahrhundert sind einerseits luxuriös, andererseits ganz schön belastend.

Stress

Wir haben viele Aufgaben und Rollen zu erfüllen. Wir sind nicht nur Mama oder Papa und Partnerin oder Partner, wir sind auch Tochter oder Sohn, Freund, Angestellte, Nachbarin, Bruder, Hausfrau, Familienmanager, Eventmanagerin, Taxifahrer, Geliebte und so weiter. Jede dieser Rollen ist auch mit Anforderungen verbunden. Hinzu kommt, dass unser Lebensstandard relativ hoch ist, und den gilt es zu erhalten. Das bedeutet für fast alle Menschen, dass sie einer Erwerbstätigkeit nachgehen müssen, um sich diese Art Leben für sich und die Kinder weiterhin leisten zu können.

Die Erwartungen an sich selbst, all das zu erfüllen, sind bereits hoch. Willst du die Erwartungen anderer jetzt auch noch erfüllen, geht der Stress so richtig los. Nicht zu vergessen die Qualitätsansprüche an Nahrung, Kleidung, Wohn- und Mobilitätssituation, Nachhaltigkeit, pädagogische Elternkompetenz und Fitnessstatus, um nur einige zu nennen.

Falls du nun auch noch den Anspruch hast, »Polizistin« oder das Gegenteil, »Helicopter-Mum«, im Leben deines Kindes sein zu wollen, die aufpasst, beschützt, reguliert und maßregelt, sind der Machtkampf, die Integritätsverletzung und auch der Frust am »Versagen« vorprogrammiert. Solche extremen Zugänge sind meistens destruktiv. Die gute Nachricht ist: Kinder brauchen keine Polizisten als Eltern! Da wären wir ja gleich wieder im Gehorsamskult. Diesen Schuh brauchst du dir gar nicht erst anzuziehen, damit ersparst du allen Beteiligten vieles. Genauso wenig brauchen Kinder Helikoptereltern, die alle Probleme für sie aus dem Weg räumen. Herausfordernde Aufgaben zu lösen, stärkt Kinder sehr. Du darfst natürlich immer für sie da sein, sie unterstützen, beraten und sie durch die Höhen und Tiefen des Lebens begleiten. Doch gönne deinen Kindern die Erfahrung der Selbstwirksamkeit. Nimm ihnen nicht alles ab. Lass sie hinfallen, aufstehen und weitermachen. Immer wieder! So lernen Kinder und so lernen Menschen generell.

Hättest du als kleines Kind nach den ersten Versuchen des Gehenlernens entschieden: »Nein, das ist nichts für mich, das klappt nicht«, würdest du heute nicht aufrecht gehen. Menschen wachsen an Herausforderungen. Nicht alle, doch das hat auch wieder mit Prägungen zu tun. So beißt sich die Katze in den Schwanz.

Wenn ein dreijähriges Kind den Müll rausbringen oder den Geschirrspüler ausräumen darf, ist das eine aufregende Herausforderung. Wenige Jahre später ist es zur lästigen Pflicht geworden, so wie für uns Erwachsene auch. Trotzdem tun wir es weiterhin.

Gib deinem Kind laufend Aufgaben, an denen es altersentsprechend wachsen kann. Und behalte die zur Pflicht verwandelten Aufgaben weiter bei – im Sinne der Gemeinschaft und des wertvollen Beitrages jeder und jedes Einzelner in der Familie. Das stärkt Lebenskompetenz, Sozialkompetenz und Selbstwertgefühl in einem. Das alles würdest du verhindern, wenn du deinem Kind die herausfordernden Aufgaben, die lästigen Pflichten und den Beitrag zur Familiengemeinschaft abnehmen würdest.

Trauma

Da die meisten von uns selbst zum Gehorsam erzogen wurden, tragen wir auf die eine oder andere Weise unsere persönlichen Verletzungen, Bindungsmuster und Traumata in uns. Man kann sogar sagen, wir leben in einer traumatisierten Gesellschaft, weil es ja fast allen so geht. So entsteht auch, dass wir denken, es wäre »normal«, traumatisiert durchs Leben zu laufen. Normal bedeutet jedoch nur, dass es im Spektrum dessen ist, was *du* kennst, und meistens auch, dass die Mehrheit so denkt, fühlt oder handelt. Normal bedeutet keinesfalls, dass etwas gut, richtig, gesund oder vernünftig ist!

Wenn man einem Kind Moral predigt, lernt es Moral predigen, wenn man es warnt, lernt es warnen, wenn man mit ihm schimpft, lernt es schimpfen, wenn man es auslacht, lernt es auslachen, wenn man es demütigt, lernt es demütigen, wenn man seine Seele tötet, lernt es töten. Es hat dann nur die Wahl, ob sich selbst, oder die anderen oder beides, so die Psychoanalytikerin Alice Miller.[4] Und der Psychotherapeut und Professor für Psychologie mit Schwerpunkt auf Psychotrauma Dr. Franz Ruppert beschreibt eigene Traumata aus Erziehungs- und Beziehungserfahrungen so:

»Wenn ich selbst ein Psychotrauma in mir, meinem Körper und meiner Psyche trage, so ist ein Anteil von mir in traumatischen Gefühlszuständen gefangen. Ein anderer versucht, diese Traumagefühle aus meinem Bewusstsein fernzuhalten. Er lässt sich dafür vieles einfallen: nur im Kopf, nicht im Gefühl sein, viel reden, ständiger Aktionismus, den Blick auf andere richten, Medikamente oder Drogen konsumieren, sich beständig um andere kümmern, von sich selbst ablenken usw. Dadurch bin ich im chronischen Dauerstress. Das ist oft destruktiv und ich funktioniere so lange, bis ich irgendwann einmal ganz zusammenbreche.«[5]

Das bedeutet, unser »normaler« Dauerstress, der mitunter aus dem eigenen Trauma kommt, kann nicht nur den eigenen Zusammenbruch forcieren, sondern auch neue Traumata auslösen – bei deinem Kind und bei dir selbst.

Wenn dir öfter mal wegen Überforderung der Faden reißt und du zu schimpfen beginnst, ist es ein extrem wertvoller Hinweis für dich, dass Selbstreflexion angebracht ist. Gegebenenfalls steckt nicht nur ein harmloser Anforderungsstau dahinter, sondern eben deine eigenen Traumaerfahrungen. Sie verstecken sich oft hinter sogenannten Glaubenssätzen. Das sind Gedanken, die wir irgendwann entwickelt haben aus Gehörtem, Erlebtem oder Interpretiertem, und wir haben uns unbewusst entschieden, dass sie wahr sind. Also glauben wir daran und handeln entsprechend.

Ein weit verbreiteter Glaubenssatz ist zum Beispiel: »Mach es allen recht« – ein wunderbares Druckmittel für alle anpassungswilligen Harmoniefreunde, die den Konflikt ähnlich wie Liebesentzug oder die Ausgrenzung scheuen. Im »Mach es allen recht«-Gedanken kann man sich selbst völlig auflösen, weil es irgendwann keine eigenen Grenzen mehr gibt. Und gleichzeitig kann es passieren, dass man sich selbst in eine Art Isolation manövriert, weil Beziehungen über Geben und Nehmen funktionieren. Nur zu geben und nicht zu nehmen führt in die Isolation, die genau das Gegenteil davon darstellt, wofür man sich den ganzen Mist angetan hat.

Abgrenzung

Als wenn wir nicht mit uns selbst schon genug zu tun hätten, übernehmen wir oft auch noch Verantwortung und Aufgaben, die gar nicht unsere sind – bewusst und auch unbewusst. Wie viele Gedanken und Dinge machst du für andere, nicht nur für Kinder, sondern durchaus auch für erwachsene Menschen, die diese selbst erledigen könnten?

Am besten hängst du dir (z. B. in der Küche) einen Zettel mit diesen 3 Fragen auf und ergänzt laufend, wenn dir etwas Neues auffällt:

1. Was tu ich, was ich auch tun will?
2. Was tu ich, obwohl ich es nicht tun will?
3. Was tu ich nicht, obwohl ich es tun will?

Erfahrungsgemäß merken Menschen, die Schwierigkeiten mit der Abgrenzung haben, lange Zeit gar nicht, dass das so ist. Sie überschreiten ihre eigenen Grenzen mit derselben Selbstverständlichkeit, wie sie die Grenzverletzungen anderer Leute an sich selbst zulassen. Entgrenzte Menschen neigen dazu, viel zu geben, es allen anderen recht machen zu wollen, und gehen bis zur Selbstauflösung in ihrem Mutter-Teresa-Dasein. Sie bemerken auch nicht, dass sie andere ihrer Eigenverantwortung berauben, sie damit sogar klein machen, indem sie ihnen unterschwellig vermitteln: »Du kannst das ja gar nicht ohne mich.« Das ist eine passiv-aggressive Variante, sich selbst über andere zu erheben.

IN WESSEN ANGELEGENHEITEN BIN ICH JETZT GERADE?

Es ist eine wichtige Fähigkeit, Nein sagen zu können. Stopp, bis hierher und nicht weiter. Das will ich. Das will ich nicht. Das brauche ich. Das brauche ich nicht. Abgrenzung ist eine der wesentlichsten Aufgaben jedes Menschen, um seine persönliche Integrität zu schützen. Falls du damit Schwierigkeiten haben solltest, setz dich unbedingt damit auseinander und lerne es! Auch deinen Kindern zuliebe, sie brauchen die Klarheit deiner Grenzen und werden danach suchen, so lange, bis sie fündig werden.

Mangelsituationen

Ein weiterer von Eltern genannter Grund für häufiges Schimpfen sind Mangelsituationen. Darunter verstanden die Befragten z. B.:

::: Müdigkeit, Hunger, Zeitmangel, gesundheitlich angeschlagen sein, unausgeschlafen sein ... der Geduldsfaden reißt (weil z. B. andere Formen der Kommunikation nicht wirksam sind/waren).

::: Wenn ich unausgeschlafen und beruflich im Stress bin, wenn ich schon aus dem letzten Loch pfeife.

::: Wenn wir alle schon erfroren sind und Hunger haben, werde ich dezent unentspannt und es fällt mir schwer, ruhig zu bleiben. Schlafmangel.

::: Nach schlaflosen Nächten bin ich sehr ungeduldig und gereizt, meist sind die Kinder auch nicht ganz ausgeschlafen und würden gerade deswegen mehr Geduld und Aufmerksamkeit brauchen.

::: Abends, wenn ich selbst schon müde und energielos bin (momentan überlege ich, grünen Tee oder so was nachmittags zu trinken, damit ich mehr Energie habe) oder wenn meine Ungeduld auf die meines Sohnes trifft. Vormittags bis zum Mittag kann ich ganz gut meist, Nachmittag bis Abend wird es immer schwieriger.

Im Grunde ist das ganz klar: wenn du selbst im Mangelzustand bist, kannst du nichts mehr geben. Wenn dann weiter gefordert und an deinen Nerven gerüttelt wird, ist Aggression eine ganz natürliche menschliche Reaktion. Und dann wird geschimpft.

Bei Sanitätern, bei der Feuerwehr und anderen Schutz- und Rettungsdiensten gibt es einen Grundsatz: Selbstschutz vor Fremdschutz. Du kannst niemandem helfen, wenn du selbst tot bist. Logisch, oder?

Wir Mütter bilden uns manchmal ein, dass wir das Allerletzte für unsere Kinder geben müssten, sogar wenn wir selbst dabei draufgehen. Das ist eine ehrenhafte Einstellung, doch nicht sehr klug. Unsere Kinder haben wenig davon, wenn wir uns als Eltern in bester Absicht kaputt machen. Kinder brauchen ihre Eltern. Und zwar am besten Eltern, denen es gut geht.

GEHTS DEN ELTERN GUT, GEHTS DEN KINDERN GUT.

Der Job als Eltern ist manchmal wirklich anstrengend. Damit du ihn gut erfüllen kannst, musst du gut für dich selbst sorgen – auch den Kindern zuliebe.

Also: Das erste Mal nähre dich nur für dich selbst. Das zweite Mal nähre dich, um Reserven für schlechte Zeiten zu haben, und das dritte Mal nähre dich, damit du anderen Menschen etwas zu geben hast.

In der folgenden Reflexion geht es um deine Kraftquellen. Stell dir vor, dein Auto kann nicht mehr fahren, weil der Tank leer ist. Es wäre also eine gute Idee gewesen, rechtzeitig dafür zu sorgen, dass es gar nicht so weit kommt! Dafür hättest du wissen sollen, was genau in diesen Tank hineingehört und wo du es bekommst, also wo die passende Tankstelle ist. Dann erst hättest du dich darum kümmern können, wie du das Was und Wo zusammenführst.

Ähnlich wie bei einem Auto können wir erstaunlich lange Leistung bringen, ohne zu merken, wie sich der Tank leert. Das Auto bringt ja auch nicht weniger Leistung, nur weil der Treibstoff weniger wird. Erst wenn ganz wenig Treibstoff vorhanden ist, beginnt es zu stottern, und dann kommt es recht plötzlich zum Stillstand. Was lernen wir daraus? Sei dir bewusst, dass dein persönlicher Tank regelmäßig befüllt werden muss, lass die Anzeigelampe gar nicht erst zum Blinken kommen!

Was gehört in deinen persönlichen Tank? Was stärkt und nährt dich?

Wo sind die passenden »Tankstellen« für dich?

DO IT! Kümmere dich darum, wie du eine regelmäßige Befüllung mit den richtigen, nährenden »Treibstoffen« umsetzen kannst.

Falls das alles nicht so einfach ist, frag dich: »Wer/was verhindert's?« und »Wer/was macht's möglich?«

Unerfüllte Erwartungen

Weitere Ursachen für häufiges Schimpfen sind die eigenen Vorstellungen und unerfüllten Erwartungen. Eltern nennen hier vor allem die Bereiche Ordnung und Schule, auch die Themen Schlafen, der Umgang mit Geschwistern, »Undankbarkeit« und Ähnliches gehören hierzu. Konkret nervte sie zum Beispiel:

- Herumliegende Sachen, räumt nicht auf, verursacht Chaos.
- Ungehorsam/Benehmen: Wenn das Kind sich nicht beeilt, nicht hört, wenn Verbotenes offensichtlich immer wieder mehrmals hintereinander gemacht wird, wenn man sich immer und immer, tagtäglich wiederholen muss und es trotzdem macht, was es eigentlich nicht soll.
- Soll Mittagsschlaf machen und will partout nicht, obwohl er suuuper müde ist.
- Verbale Konflikte, körperliche Konflikte (z. B. Schubsen), Unfairness zwischen den Geschwistern, Ungerechtigkeit, wenn die Große die Kleine stößt, schlägt, beißt ...
- Wenn sie streiten und sich gegenseitig hauen, gibt es sofort richtig Ärger.
- Undankbarkeit, verbale Gemeinheiten, die in keiner Relation stehen.

Deine Erwartungen gehören ganz allein dir. Niemand ist dafür zuständig, deine Erwartungen zu erfüllen, außer du selbst. Nach den eigenen Werten, Vorstellungen und Bedürfnissen leben zu können setzt voraus, dass man sie kennt und weiß, wie man sie umsetzt. Und wie man sich von anderen abgrenzt, ohne die Beziehung zu verletzen.

Rollenverhalten: Täter, Opfer, Retter ...

Oft lassen wir uns in das Drama anderer Leute mit hineinziehen. Dazu ein wenig Theorie:

Drama-Dreieck[6]

Für ein anständiges Drama brauchen wir einen Täter, ein Opfer und einen Retter, der mit seiner Superheldenhaftigkeit dafür sorgt, dass am Ende eines Hollywood-Blockbusters alles wieder gut ist.

In ein solches Drama hineinzugeraten ist sehr leicht, etwa durch ein Schuldgefühl. Vielleicht kennst du solche Dynamiken aus deiner persönlichen Umgebung? Ein Klassiker wäre etwa: du – dein Mann – und deine Schwiegermutter.

Du bist die Böse, die Schwiegermutter ist das Opfer, und dein Mann muss den Karren aus dem Dreck ziehen. Interessanterweise können die Rollen innerhalb des Dramas in Sekundenschnelle wechseln: Ganz plötzlich bist du das Opfer, dein Mann ist der Täter und die Schwiegermutter greift rettend ein! Das ist wie ein Ringelspiel, es kann einem auch genauso schwindelig davon werden. So funktioniert Drama.

Stephen Karpman, der dieses theoretische Modell des Drama-Dreiecks aufgestellt hat, stellt weitere interessante Aspekte fest: Es ist auch möglich, sich das Drama ganz ohne externe Personen (Mann, Schwiegermutter) zu liefern. Das heißt, du kannst das auch ganz allein mit dir selbst in einem inneren Prozess spielen: Mal bist du Täterin, mal Opfer und auch mal Retterin. Wow!

Das Entscheidende beim Drama aber ist, dass es nur an *einer* Position möglich ist, auszusteigen. Und zwar an der Täterposition. Täter meint hier die gestalterische Macht, die man in der Dynamik hat; die Macht, zu entscheiden, auszusteigen, nicht mehr mitzumachen. Und das bedeutet im echten Leben: Abgrenzung. Nein sagen. Bis hierher und nicht weiter. Stopp.

Opfer haben oft sehr viel destruktive Macht durch ihre passiv-aggressive Haltung (»Das kannst du mir doch nicht antun!«, »Wenn du xy tust, dann muss ich leiden!« – also Manipulation über Schuldgefühle). Und auch die Retter vermitteln ganz oft einen Subtext, etwa in der Art von »Ohne mich schaffst du es nicht!«, »Du brauchst mich!«. Damit schaffen sie sich selbst ihre Existenzberechtigung und entziehen dir die Eigenverantwortung beziehungsweise sprechen dir die Kompetenz ab.

Keine dieser Rollen im laufenden Drama ist wirklich gesund, weder für einen selbst noch für die anderen Betroffenen. Was hilft, ist, sich über die Täterrolle aus der Dynamik zu lösen, sich sauber abzugrenzen und dann fernzuhalten. Das gelingt am besten, indem man sich selbst als erwachsenen Menschen erlebt.

Erwachsen und eigenverantwortlich agieren

Nach einer weiteren Theorie, der Transaktionsanalyse[7], haben wir alle die Fähigkeit, Probleme zu erkennen und selbst zu lösen, weil wir in der Lage sind, Eigenverantwortung zu übernehmen, und somit unser Leben schöpferisch, bewusst und konstruktiv gestalten können.

Transaktionsanalyse: Kind-Ich oder Eltern-Ich?«

Zum einen lässt sich abgespeichertes Erleben von früher erneut aktivieren, dieser Zustand wird in dieser Theorie Kindheits-Ich-Zustand genannt. Zweitens wird ein neuer Erlebenszustand, der sich voll und ganz auf das Hier und Jetzt bezieht, als Erwachsenen-Ich-Zustand bezeichnet. Ein dritter Zustand – wenn wir uns auf eine Weise erleben, die wir im Denken, Fühlen und Verhalten von anderen übernommen haben – ist der Eltern-Ich-Zustand.

Im echten Leben bedeutet das, dass wir aus dem Kind-Ich heraus kindliche Gedanken, Worte und Handlungen setzen. Da werden er-

wachsene Menschen richtig trotzig, störrisch oder kindlich schutzbedürftig, wenn sie in diesen Erlebenszustand abrutschen. Es gibt
sogar Achtzigjährige, die solche Verhaltensweisen an den Tag legen,
wenn ihr Kind-Ich aus ihnen spricht. Es ist also keine Altersfrage,
sondern ein psychodynamischer Prozess, der da abläuft.

Ebenso ist es mit dem Eltern-Ich, aus dem heraus wir belehrend,
strafend, moralisierend agieren – je nachdem, was wir selbst kennengelernt und so in unserem Eltern-Ich angelegt haben.

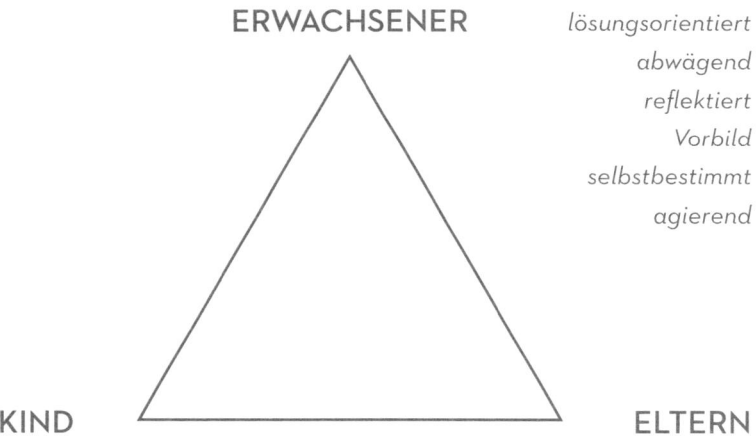

ERWACHSENER

lösungsorientiert
abwägend
reflektiert
Vorbild
selbstbestimmt
agierend

KIND

ELTERN

laut, störrisch
quirlig, spontan
süß, unschuldig
ungeduldig, impulsiv
schüchtern, schutzbedürftig
kreativ, wissbegierig
emotional euphorisch

belehrend, allwissend
bestrafend, rational
schützend
(über-)fürsorglich
ängstlich, bewertend
moralisch, erfahren
motivierend

Beobachte in nächster Zeit dich selbst und die Menschen in deiner (Erwachsenen-) Umgebung.
Finde heraus, ob du typische Dialoge zwischen Kind-Ich und Eltern-Ich identifizieren kannst.

Beim Beobachten lässt sich feststellen, dass auf der Ebene zwischen Eltern-Ich und Kind-Ich sehr viel abläuft, was einen selbst blockiert, ja sogar sabotiert. Das lässt sich stundenlang, tagelang, monatelang, ja sogar ein Leben lang aufrechterhalten, ist jedoch nicht sehr angenehm. Ein Beispiel:

Kind-Ich	Eltern-Ich
Ich will das nicht machen.	Jetzt stell dich nicht so an!
Lass mich in Ruhe, ich will das nicht.	Reiß dich zusammen, es ist doch nur zu deinem Besten!
Du bist so gemein zu mir!	Es ist mir unverständlich, wie man so unvernünftig und undankbar sein kann.
Ich hasse dich!	Wenn du so mit mir sprichst, brauchst du gar nichts mehr von mir erwarten!
Ich mache das ganz sicher nicht!	Da gibt man alles, und nichts als Undankbarkeit erntet man dafür!

So geht es wie beim Pingpong hin und her, hin und her. Die Lösung ist auch hier, sich der gestalterischen »Macht« zuzuwenden, die man als erwachsener Mensch innehat (das ist der Erwachsenen-Ich-Zustand). Heute, jetzt und hier, als erwachsene Person, die du ja zweifelsfrei bist, kannst du die Situation von allen Seiten betrachten, überdenken, Verstand und Gefühl abwägen und dann entscheiden, wie du damit umgehen willst.

Sowohl aus der Theorie des Drama-Dreiecks, als auch aus dem Modell der Transaktionsanalyse können wir ableiten, dass es jedes Mal die Position des selbstbestimmt agierenden Erwachsenen bzw. die konstruktiv gestaltende »Täterqualität« ist, die es uns ermöglicht, Situationen eigenverantwortlich zu meistern.

Im eigenen Eltern-Ich-Erleben und auch im Kind-Ich-Zustand treten Vorstellungen und Erwartungen zutage, die oftmals übernommen oder erlernt wurden. Erst wenn wir Situationen eigenverantwortlich gestalten können, hören wir auf, selbst in die Kindrolle zu rutschen oder im destruktiven Sinne die Elternmacht auszuspielen.

Wir wollen dich ermutigen, dein Verhalten ab heute in diesem Sinne zu hinterfragen.

Auf diese Erkenntnisse können wir nun zurückgreifen, wenn wir die am dritthäufigsten genannte Ursache für Schimpfen, unsere Vorstellungen und Erwartungen, reflektieren.

Die Wirkung von Schimpfen bei Erwachsenen

Jetzt sehen wir uns noch an, was es bei uns Erwachsenen bewirkt, wenn wir schimpfen. Hier sind einige Antworten aus unserer Befragung:

Wie fühlt es sich für dich an, aktiv zu schimpfen?

Was denkst du, in welchen Situationen und weshalb du geschimpft wurdest?

Und in welchen Situationen und weshalb schimpfst du?

- Wenn ich schimpfe, dann ist das momentan eine Entladung meiner aufgestauten Energie – meistens aggressive Energie.
- Frustabbau und Erleichterung, dann schlechtes Gewissen.
- Eigentlich auch nicht gut. Es ist etwas Unkontrolliertes, was eigentlich nicht gewollt ist. Aber es muss ab und zu einfach raus ...
- Eigentlich überhaupt nicht gut. Wut und Ärger, Enttäuschung auch über sich selbst, Gefühlschaos.
- Es kostet Kraft und Energie, eigentlich macht es die Situation oft gar nicht besser, doch meist fällt mir keine spontane Alternative ein.
- Kurzfristig erleichternd, weil man etwas losgeworden ist, was sich angestaut hat. Langfristig schlecht, weil man weiß, dass Ton, Worte, Verhalten unangemessen waren.
- Unwohl, traurig – hinterher.
- Frustrierend.
- Schlechtes Gewissen, das war nicht notwendig (Gedanke), man könnte das doch auch anders rüberbringen.

Das schlechte Gewissen ist ein eindeutiger Indikator dafür, dass das, was während des Schimpfens aus dir herausgebrochen ist, nicht dem entspricht, wie du als Mutter oder Vater sein willst, also nicht authentisch ist, sondern ungefiltert. Da spricht dein Eltern-Ich aus dir. Gehirntechnisch wird dein »Reptilienhirn« aktiv.

Ungefiltertes Handeln erkennen und bewusst unterbrechen

Es gibt Situationen, in denen wir reflexartig etwas sagen oder tun, vermeintlich authentisch, aber in Wahrheit nur ungefiltert. Erkennen kann man dies daran, dass es einem nachher meistens leidtut. Wir haben in unserem Gehirn einen Teil, den nennt man auch

»Reptiliengehirn« oder Hirnstamm, der evolutionär älteste Teil unseres Gehirns. In diesem Teil des Gehirns sind alle Erinnerungen, alle Erfahrungen, die wir jemals im Leben gemacht haben, abgespeichert, auch vorgeburtlich — nicht unbedingt bewusst abrufbar, aber eben archiviert. Dieser Teil des Gehirns hat kein Zeitgefühl und keine direkte Verbindung zu den Augen, ist nahezu »blind«. Manchmal kommen wir in Situationen, die uns an etwas erinnern oder uns einfach stressen, und pling! springt im Gehirn das Limbische System an, in dem unter anderem Emotionen verarbeitet werden. Meistens kommt zunächst eine kindliche Reaktion oder ein Schutzmuster zur Anwendung. Das kann ein hysterisches Lachen sein, Sätze, die aus dem Mund unserer Mutter stammen könnten, grimmiges Verhalten oder Schnelligkeit (»Jetzt aber zack, zack!« beim familiären Morgenablauf). Es sind Verhaltensweisen, die wir oft aus der eigenen Kindheit kennen, also »passend« für die Situation finden. In diesem Stadium hat man die Vernunft noch ein bisschen bei sich, denkt sich etwa: »Jetzt klinge ich schon wie meine Mutter! Das wollte ich nie.« Oder man sieht sich selbst neben sich stehen und denkt: »Was tue ich denn da?!« Doch der Zug fährt – und der Übergang in die nächste Stufe ist fließend.

Die nächste Verhaltensstufe ist eine Notfall-Reaktion. ALARM! Nun passiert die Verwechslung: Das blinde, zeitlose Hirn kann nicht unterscheiden, ob es nun 2012 oder 1982 ist und ob vor ihm der Papa, der Ehemann oder das Kind steht. Doch die Reaktion ist mitunter dieselbe: prägende Verhaltensweisen, die man erlebt hat, oder eigene Emotionen und Reaktionen, die aus Angst unterdrückt wurden, finden jetzt ihren Ausdruck. Wie reagiert das Reptil, wenn es in Not gerät? Angriff ist eine Möglichkeit. Die zweite ist Flucht und wenn beides nicht möglich erscheint, stellt sich das Reptil tot. Um zu verhindern, dass es zur Anwendung eines Notfallprogrammes in deinem Gehirn kommt, wodurch »vernünftiges« Handeln, entsprechend deiner Werte, unmöglich wird, ist es notwendig zu lernen, wann genau sich eine Eskalation anbahnt. Dann empfiehlt es sich, den Prozess zu unterbrechen, wirklich STOP zu sagen (rufen) und bewusst zu atmen. Erst wenn du wieder HerrIn deiner Sinne bist, ist ein »erwachsener«, selbstbestimmter Umgang mit der Situation möglich.

Your
beliefs
don't make you
a better person,
»—→ your ←«
behaviour
does.

Danielas Erkenntnisse für den Mama-Alltag

Weshalb schimpfen wir so viel? Das ist eine der zentralen Fragen, die Linda und mich zum Nachdenken gebracht hat, über die wir seit vielen Monaten sprechen und die mit ein Grund für die Arbeit an und mit diesem Buch ist. Ich habe mich ganz bewusst entschieden, diesen Weg zu gehen: Es sollen weniger Worte werden, die ich den Kindern einfach so hinknalle. Ich will offen sein für wertvolle Gespräche zwischen uns und ich will hören und verstehen, was meinen Kindern so wichtig ist und wofür sie brennen und kämpfen. Kurz gesagt: weniger »schimpfen«.

Meine Erwartungen sind nicht die meiner Kinder

Als Mensch mit vielen eigenen Regeln, hohen Erwartungen und dem Hang zum Perfektionismus »weiß« ich oft, wie etwas sein soll. Oder ich glaube es zu wissen, denn die Erwartung, die ich an mich selbst stelle, ist meist recht hoch. Da spielen die eigene Kindheit und meine bisherigen Erfahrungen eine große Rolle, eine Schiene, der ich nur dann entkomme, wenn ich es durch Reflexion erkenne und »enttarne«. Ich muss wirklich aufpassen, dass ich mit diesem Maß nicht auch andere bemesse – und ihnen meine Erwartungshaltung überstülpe.

Es hat leider einige Jahre gedauert, bis ich das für mich selbst erkannt habe, und es tut mir richtig weh, wenn ich darüber nachdenke. Ich habe ganz einfach vorausgesetzt, dass mein Leben in bestimmten Situationen so und so ablaufen muss.

Viel zu oft habe ich von den Kindern verlangt, *jetzt* aufzuhören, *jetzt* herzukommen oder *jetzt* alles stehenzulassen. Meist sind es Minuten, die sie noch brauchen würden, am Ende also nicht der Rede wert, wenn man einen Zeitpuffer einplant. Aber dennoch ist es die eine Hürde des Alltags, über die ich immer und immer wieder gestolpert bin: *mein* Zeitdruck und *mein* Terminstress, dessen Wucht die Kinder abbekamen, indem sie das, wofür *sie* gerade gelebt haben, liegen lassen mussten.

So fühlt es sich nämlich an, wenn man als Eltern versucht, ein Kind aus dem Spiel zu reißen, weil man »dringend wohin muss« oder »es einfach schon genug gespielt hat«, »es lernen soll« oder »weil gleich ...«. Da fangen Kinder an zu kämpfen, indem sie je nach Temperament unsere Aufforderung ignorieren oder dagegen antreten. Und das ist gut so, denn das Spiel, mit dem sie gerade so beschäftigt sind, und die Aufgabe, in der sie gerade komplett versinken, ist *jetzt das Einzige, was zählt.* Das habe ich eines Tages beim Abholen meiner Tochter aus dem Kindergarten erkannt.

Ich holte die Kleine wie immer gegen 15 Uhr ab. An manchen Tagen wartet sie dann schon, an anderen Tagen aber ist sie gerade mitten im Spiel versunken. Sie wurde von den Betreuerinnen darauf aufmerksam gemacht, dass ich da war – und wollte einfach nicht kommen. Das hat mich erst irritiert, wahrscheinlich war ich auch genervt oder gelangweilt, hungrig oder einfach müde nach einem Arbeitstag, und ich hatte keine Zeit (Lust?) zu warten. »Na, komm!« »Wir müssen los!« »Beeil dich!« ... aber auf einmal war es klar: Sie musste das, was sie angefangen hatte, erst noch zu Ende bringen, zumindest noch zu einem für sie wichtigen Teil. Aber die Entscheidung, wie lange das dauern sollte, wollte sie selbst treffen.

Plötzlich verstand ich: Es ist so wunderbar, wie Kinder das können, sich zu 100 Prozent nur einer Sache widmen und darin völlig aufgehen! Ich war wie befreit durch diese Erkenntnis, auch wenn es so simpel und naheliegend klingt.

Jetzt machen wir es so: Ich frage sie, was sie gerade macht und ob oder wie sie weitermachen will. Manchmal ist sie allein mit der Möglichkeit schon zufrieden und legt sich ihre angefangene

Beschäftigung für den nächsten Tag ins Regal. An anderen Tagen verbringt sie noch ein paar Minuten im Spiel oder schaukelt noch eine Weile weiter.

Ist es nicht so, dass wir Eltern immer in der Erwartung in den Kindergarten gehen, dass das Kind schon sehnsüchtig wartet und sich nichts mehr wünscht, als genau *jetzt* geholt zu werden, weil es genau 15 Uhr ist oder weil wir es so ausgemacht haben? Ich bin dieser Annahme jedenfalls lange erlegen und war oft leicht enttäuscht oder genervt, je nach Stimmungslage, wenn das nicht der Fall war. »Aber komm, wir müssen doch jetzt gehen!« – dieser Satz war meiner, und ich höre ihn sehr oft auch bei den anderen Eltern, die sich um Punkt 15 Uhr die Klinke in die Hand geben.

Seit ich ihr die Zeit gebe, ihre Tätigkeit zu beenden oder zumindest so lange weiterzumachen, wie sie von sich aus will, ist die Situation wesentlich entspannter und die Nachmittage verlaufen ruhiger. Mit diesem Wissen komme ich schon weniger gehetzt im Kindergarten an, und an manchen Tagen springt sie mir tatsächlich schon vor Freude entgegen, weil sie gerade eine Pause gemacht hat und keine angefangene Beschäftigung sie einnimmt.

Statt: »Wie bekomme ich mein Kind dazu, das zu tun, was ich sage?«, hilft ein Perspektivenwechsel: »Welche Bedürfnisse hat mein Kind und wie kann ich sie erfüllen?«[8] enorm. Wenn man sich diese Frage nach den Bedürfnissen der Kinder stellt, dann ändert sich die eigene Handlungsweise. In diesem Fall war das kindliche Bedürfnis klar: Meine Tochter wollte ihr Spiel oder ihre Malarbeit bis zu einem bestimmten Punkt fertig machen. Wenn ich an mich selbst denke, bin ich da genauso: Wenn ich etwas begonnen habe, möchte ich auch nicht mittendrin stoppen und alles liegen lassen, weil mich jemand ruft. Ich möchte zumindest eine Etappe oder manches Mal auch die gesamte Arbeit für mich abschließen, bis ich bereit bin, mich anderen Dingen zuzuwenden.

Sei dir einfach bewusst, es ist dein Zeitplan, nicht der deines Kindes. Das, was das Kind gerade macht, ist *sein* Zeitplan. Ist dem Kind ein eigener Termin wichtig, zum Beispiel die geliebte Musik- oder Tanzstunde, wird es rechtzeitig fertig werden, um ihn wahrzunehmen, weil es seine Begeisterung weckt. Wenn nicht, dann war ihm dieser Termin nicht wirklich wichtig.

Wenn du mal tatsächlich ganz unflexibel bist, weil du einen wirklich wichtigen Termin hast, dann ist es besser, die Kinder schon am Vortag zu informieren. Sei ehrlch und sag, warum das so dringend ist. Probiert, die Vorbereitungen zusammen zu treffen und zum Beispiel die Kleidung miteinander schon am Vorabend herzurichten. Wenn Kinder sich ernst genommen fühlen, werden sie auch diese unabwendbaren Verpflichtungen mittragen.

Anzuerkennen, dass das Gefühl und die Tätigkeit des Kindes ihm wichtig sind, gibt ihm die Sicherheit, dass es o. k. ist so. Es ist o. k, wenn ich fühle, dass ich nicht weg will, es ist o. k, wenn ich fühle, dass ich einfach weitermachen mag. Das sind Gedanken mit immens wertvollem Inhalt, die ich aus einem persönlichen Interview mit Naomi Aldort im Oktober 2017 mitgenommen habe. Sie waren mit Sicherheit auch ein weiterer Schritt in die Richtung meiner Erkenntnis: *The child is right.*

> »Das Kind hat grundsätzlich recht mit
> seinem Verhalten und seinen Entscheidungen,
> weil es immer einen stichhaltigen Grund
> dafür gibt; sei es ein unerfülltes Bedürfnis
> oder ein anderes Thema, das wahrgenommen
> werden will. Ist dies geklärt, verschwindet auch
> der Grund für das Verhalten.«[9]
>
> NAOMI ALDORT

Die eigenen Erwartungen sind, wie für viele andere Eltern, auch für mich ein Hindernis, meinen Kindern auf Augenhöhe zu begegnen.

»Hörst du nicht?«

Wie oft hab ich meine Tochter das schon gefragt! Die Antwort war immer dieselbe: »Doch, Mama.«

Klar hat sie mich gehört, meist auch verstanden, da bin ich mir sicher. Getan hat sie dennoch nicht, was ich von ihr wollte. Warum auch? Es war schließlich *mein* Thema, nicht ihres.

Es war vergleichsweise einfach mit nur einem Kind, dessen Wünsche ich hören und dann auch oft leicht erfüllen konnte. Unsere jüngere Tochter ist in dieser Hinsicht eigenständiger, hat einen stärkeren Willen und setzt ihn durch. Sie hört sich meist auch an, was wir von ihr gern hätten, ist aber bei Weitem nicht immer bereit, unsere Wünsche zu erfüllen.

Das ist ihr gutes Recht, und ich habe auf diese Weise immens viel über mich selbst, meine Geduldsgrenze und über die Konstellation der ganzen Familie gelernt. Es ist immer wieder spannend, eine Situation »von außen« zu beobachten. Dazu ist es für mich sehr hilfreich, im Konfliktfall wirklich auch ein paar Schritte nach hinten zu gehen und räumlichen Abstand zu schaffen, also einmal mehr die Perspektive zu wechseln.

Brennpunkt Kinderzimmer

»Räum dein Kinderzimmer auf!« »Mach Ordnung bei den Spielsachen!« »Es liegt immer noch alles herum!« Warum ist das Aufräumen so schwer? Dürfen wir von Kindern erwarten, dass sie selbst aufräumen? Die Frage ist viel eher, was wir selbst wollen. Ist es die Ordnung im Zimmer oder ist es der Gehorsam, dass das Kind macht, was wir ihm sagen? Wenn es die Ordnung ist, dann ist die Lösung einfach: Ich gehe und ordne. Wenn es darum geht, dass jemand unsere »Befehle« ausführt, wird es komplizierter. Wie würden wir unseren Partner, die beste Freundin oder den Arbeitskollegen bitten, ihr Zimmer oder seinen Schreibtisch aufzuräumen? Der Tonfall ist unter Umständen ein anderer und damit auch die Art, mit der wir kommunizieren.

Das Kinderzimmer wird dann besonders frisch und ordentlich, wenn wir es zusammen aufräumen. Dann dauert es zwar am längsten, aber das Ergebnis ist gut für alle.

Unsere Kinder machen *nichts*, um uns zu ärgern. Sie sind grundsätzlich neugierig, sozial und wollen von sich aus kooperieren – auf ihre Art. Und sie haben die Gabe voll im Jetzt zu versinken, komplett im Spiel aufzugehen und alles um sich zu vergessen. Ist das nicht wundervoll?

Anstatt mir ein Beispiel an den Kindern zu nehmen und mich auf die wesentlichen Dinge und Aufgaben zu fokussieren, passiert es mir häufig, dass ich zu viel gleichzeitig in Bearbeitung habe. Ich bin davon überfordert, überreizt und unentspannt und übertrage diese eigene Unzufriedenheit und die gefühlte Unzulänglichkeit auf die Kinder – oft, indem ich an ihnen herummeckere, sie zurechtweise oder eben verlange, »jetzt« zu kommen. Je genauer ich mir so einen Tag ansehe, umso klarer werden viele Konflikte und umso deutlicher erscheinen mögliche Lösungen.

Warum schimpfe ich so viel?

Diese Frage habe ich auch Linda gestellt – das ist schon einige Zeit her. Aber es kam nicht die erhoffte oder vielleicht sogar eine befürchtete Antwort. Sie hat mir die Frage retour gestellt: »Warum glaubst du, dass du so viel schimpfst?« *Bämm!*

Ich habe eine ganze Weile darüber nachgedacht und schließlich begonnen, mich und mein Verhalten in jenen Situationen zu beobachten, die mich an meine Grenzen brachten. Ich habe mich dabei ertappt, die Kinder zu maßregeln, und fühlte mich schuldig. Irgendwann habe ich dann begonnen, mit den Kindern darüber zu sprechen. Das Gespräch habe ich gesucht, als die Situation wieder vorbei war oder am Abend nach dem Aufräumen. Ich habe ihnen ehrlich gesagt, warum ich geschimpft habe und was mir in dem Fall so wichtig war.

Die Reaktion war alles andere als streitsüchtig, im Gegenteil, beide haben mich umarmt, waren kurz ganz still und sind dann mit einem Lächeln im Gesicht dazu übergegangen, zu spielen. Ehrlich gesagt hat es mich überrascht und gleichzeitig gefreut, auf so viel »Verständnis« zu stoßen.

Es ist also auch bei mir das »schlechte Gewissen«, das mich dazu bringt, über nicht gute Situationen zu reflektieren und mir den Spiegel vorzuhalten.

Der Umgang mit den eigenen Gefühlen war und ist für mich nicht immer ganz einfach. Das habe ich so nicht gelernt und ich erlebe es als enorm bereichernd, mich dabei von den Kindern leiten und mitnehmen zu lassen. Das ist nur einer der wenigen Punkte, an denen ich die Kinder als Chance und als stärkende Begleitung empfinde. Jede schlaflose Nacht und jede anstrengende Situation, jede Sorge und alle Dramen sind vergessen, wenn plötzlich klar wird, wie sehr man selbst an den Kindern und mit den Kindern wachsen kann.

Guide vs. Chef

Ein Guide macht genau das, wodurch man sich sicher und begleitet fühlt: Er nimmt uns einfühlsam und mit offenem Ohr auf einem Weg oder Abschnitt mit, auf dem wir jemanden brauchen. Er nimmt uns an der Hand, zeigt mögliche Gefahren auf, ohne mit erhobenem Finger zu belehren. Ein Guide ermöglicht es, eigene Erfahrungen zu machen, indem er für eine sichere Umgebung sorgt, in der wir am eigenen Tun lernen können. Wenn wir Hilfe brauchen, ist der Guide mit Geduld und Zeit, Respekt und Worten zur Stelle.

Ich will ein Guide sein! Ich möchte meine Kinder ein Stück weit auf dem Weg begleiten dürfen und zusammen mit ihnen über Gräben und Stufen springen. Am Abhang ist es meine Aufgabe, den Weg zu checken und ihnen die Hand oder ein Seil zu bieten, woran sie sich festhalten können, wenn sie es brauchen. Das Gegenteil davon wäre, Befehle zu erteilen und einen fixen Weg vorzugeben.

Abwarten, zuhören und respektieren

Wenn man seine Kinder beobachtet und es schafft, sich nicht immer sofort einzubringen, entstehen oft kreative Lösungen für Herausforderungen. Konflikte, Enttäuschungen oder misslungene Versuche, die erst frustrieren, aber danach erst die wahre Freude freilegen, sind so ein bisschen die Krönung des Alltags, meine ich.

Wir sitzen im Wohnzimmer, ich schreibe, beide Kinder basteln. Jede hat ein Blatt Papier, bunte Stifte und einige leere Rollen Klopapier, Kleber, Schere, und sie werken vor sich hin. Ich bin nicht involviert in das, was sie machen, und kenne ihre Ideen nicht. So geht das bestimmt eine halbe Stunde. Plötzlich wird geschrien und die Kleine fängt an zu weinen.»Du hast den letzten Kleber verbraucht, ich will auch kleben!« Die Große verteidigt sich – den Rest kann man sich vorstellen.

Wahrscheinlich lag es daran, dass ich wirklich (auch räumlich) leicht abseits war, sodass ich ruhig reagieren konnte. Ich hörte mir beide Seiten an und wollte schon schauen, ob wir noch irgendwo Kleber hatten. Da sagte meine jüngere Tochter: »Mama, haben wir auch Klebeband?« »Ja, hier. Welche Farbe möchtest du?« Sie suchte sich drei unterschiedliche Bänder aus und verzierte ihre

Klopapierrolle nun mit bunten Streifen, anstatt sie mit bemaltem Papier zu bekleben. Erst sah ich mich fast meiner Rolle als Schiedsrichter beraubt, auch meine große Tochter war recht perplex darüber, was gerade geschehen war. Aber die Situation war für alle sehr zufriedenstellend. Die große Schwester fand die Idee sogar so gut, dass sie sie für sich übernahm, und am Ende hatten beide zauberhafte gestreifte Kronen aus Klopapierrollen auf dem Kopf.

Erlebnisse wie diese machen Mut, nicht sofort mit erwachsenen, für uns »fertigen« Lösungen ins Haus zu fallen, wenn sich ein Konflikt oder Streit anbahnt. Ehrlich gesagt, gelingt es nicht immer. Es muss erst ein oft lauter und heftiger Gefühlsausbruch ausgehalten und begleitet werden – die kreativen Einfälle kommen nicht im Zorn. Wenn ich mich selbst stark genug fühle, zu begleiten statt zu leiten, dann sind tolle Lösungen möglich.

»Geht's den Eltern gut, geht's den Kindern gut!« – Linda wird nicht müde, mich immer und immer wieder daran zu erinnern, dass ich nur geben kann, wenn ich selbst genug habe. Sie spricht von der »Nahrung« und vom Tank, den man für sich selbst immer gut füllen muss. Freizeit und Ruhephasen, Entspannungsmethoden und Achtsamkeit im Alltag gehören genauso dazu wie die physische Nahrung, ausreichend Schlaf und eine Umgebung, in der man selbst aufblühen kann.

SCHRITT 3

Welche Mutter oder welcher Vater willst du sein?

Manchmal erinnern wir uns an die eigene Kindheit – vielleicht viel zu selten. Damals dachten wir:»Wenn ich selbst mal Kinder habe, werde ich es ganz anders machen als meine Eltern. Ich werde meine Kinder verstehen, auf sie eingehen, nachfühlen können. Ich werde wissen, wie es ihnen geht, was ihnen wichtig ist, was sie brauchen ...«

Als Erwachsene stellen sich die eigenen Erfahrungen und Vorstellungen immer wieder zwischen einen selbst und die Kinder. So passiert es, dass wir immer wieder Abziehbilder unserer eigenen Vorbilder werden. Die genaue Betrachtung deiner Beziehung zu den eigenen Eltern ist der beste Weg, um selbst als Mutter oder Vater zu wachsen.

Viele Erinnerungen liegen vergraben, viele gute, aber auch der Schmerz, wie es sich anfühlt, klein zu sein, abhängig, ja sogar ausgeliefert und in der Selbstbestimmung ganz schön eingeschränkt.

Wie war es in der eigenen Kindheit?

Als du Kind warst, entschieden andere Menschen darüber, wie und wo du lebtest, was du tun durftest und was nicht, wie dein Tag verplant war, was du essen durftest, mit wem du zusammentrafst oder nicht, womit du dich beschäftigten durftest oder eben nicht ...?

In gewisser Weise kann es ganz angenehm sein, vorgegebene Rahmen zu finden, das gibt natürlich Halt – und es kommt wohl auf die Enge oder Weite des Rahmens und auf das Thema an. Beobachte mal, mit welcher Selbstverständlichkeit Kinder Dinge als gegeben hinnehmen, wie sehr sie oft sogar fasziniert davon sind! Sie müssen sich ja Unmengen von Weltwissen erst aneignen. Würden sie permanent kritisch hinterfragen, würde es sie ganz schön aufhalten. Also nehmen sie es eben, wie es ist, ganz *unvoreingenommen*.

Wenn du als Kind in einem warmen Land aufwächst, ist die Welt warm. Wenn in deiner Familie Gewalt an der Tagesordnung ist, ist deine Welt gewaltvoll. Wenn deine Eltern dir täglich uneingeschränkten Medienkonsum erlauben, dann ist das *normal.*

Wir denken selten bewusst darüber nach, wie es ist, gegängelt, übergangen oder fremdbestimmt zu werden. Natürlich erleben wir auch als Erwachsene Abstufungen davon in unterschiedlichen Lebensbereichen. Doch ist das tatsächlich vergleichbar mit dem, was ein Kind erlebt?

Manchmal passiert es, dass wir uns den eigenen Kindern gegenüber so verhalten, wie wir es auf gar keinen Fall jemals tun wollten. Wir wissen, wie schmerzhaft es ist, und doch passiert es. Es ist ein uraltes Programm, das in der Not der Hilflosigkeit, der Ohnmacht oder der Ratlosigkeit abgespielt wird. Und je mehr einen das Gegenüber »triggert«, umso ärger wird es. Dann werden wir noch lauter, noch unschöner in der Wortwahl und so weiter. Dummerweise ist das Ergebnis einer üblen Schimpftirade erfahrungsgemäß nicht das gewünschte. Oft gleicht es, bildlich gesprochen, eher einem Scherbenhaufen. Am Ende sind alle Betroffenen gekränkt, traurig, frustriert ... Das Schimpfen hat also keine konstruktive Wirkung.

Im Normalzustand, wenn der Verstand auf Betriebstemperatur statt auf Überhitzung läuft, weiß man selbstverständlich: »Mehr vom selben ist nicht notwendigerweise besser« – so hat es Paul Watzlawick ausgedrückt.[10]

IMPULS

Wenn das, was du immer getan hast, nicht funktioniert, dann solltest du die Strategie ändern. Vielleicht bringt dich das Gegenteil des Bisherigen auf neue Ideen? Und wenn das nicht hilft, frag deine Kinder, was helfen könnte!

Du kannst wirklich dankbar sein, wenn deine Kinder nicht hinterm Berg damit halten und dir sehr deutlich vermitteln, wie es ist, ein Kind zu sein – *dein* Kind zu sein. Auch wenn das nicht immer leicht und schon gar nicht immer lustig ist, für alle Beteiligten.

Für die nachfolgende Reflexion nimm dir bitte etwas ausführlicher Zeit. Sie dient dazu, die Eckpunkte deiner eigenen Kindheit als Einstieg in deinen Veränderungsprozess festzuhalten. Gerne kannst du dir die Fragen aus dem Buch herauskopieren und in Ruhe herumkritzeln. Vielleicht magst du auch bei einem Spaziergang über deine Antworten nachdenken, bis sie reif sind, niedergeschrieben zu werden. Möglicherweise hilft es dir, alte Fotoalben oder Tagebücher durchzusehen. Besonders schön kann auch der Austausch mit deinem Partner oder deiner Partnerin sein oder auch mit befreundeten Eltern.

Wie war deine Kindheit? (in drei Schlagworten)

Was sind deine schönsten Gefühlserinnerungen?

Was hat dir am meisten gefehlt?

Wie hat sich das angefühlt?

Wenn es den Kindern in deiner jetzigen Familie möglich ist, Gefühle zu zeigen – auch die aggressiven, gesellschaftlich weniger erwünschten –, dann ist das ein gutes Zeichen dafür, dass die Kinder den Erwachsenen vertrauen, ihren Eltern zu*trauen*, damit klarzukommen. Mehr noch, sie können sich darauf verlassen, selbst in Ordnung zu sein – weil sie weiterhin geliebt werden, auch dann, wenn sie wütend, frustriert oder traurig sind. Für uns Erwachsene ist das nicht immer leicht auszuhalten. Es wird allerdings leichter, wenn du ein Bewusstsein dafür aufbaust, welchen Nutzen es für dich und deine Kinder hat, wenn sie ihre Gefühle zeigen dürfen. Es ist ein großer Vorteil, wenn ein Kind weiß: In meiner Familie sind alle Gefühle erlaubt und ich bin auch dann wertvoll für meine Eltern, wenn ich wütend (o. Ä.) bin. Eine solche Haltung vermittelt dem Kind: Meine Eltern sind stark. Und: Ich darf Kind sein.

Auch wenn es Kraft kostet, können die Eltern sich sagen: »Mein Kind lernt seine Gefühle kennen und regulieren. Ich halte das aus, weil ich schon weiß, wie ich meine Gefühle reguliere. So lernt mein Kind aus meinem Vorbild. Ich bin die Erwachsene und übernehme die volle Verantwortung.«

⸭

Man kann natürlich auf altbewährte Methoden zurückgreifen wie Drohungen, Angst, Erniedrigungen. Der »Gehorsamskult« funktioniert so: »Ich sage dir, wer du bist, wer du sein sollst und was du zu tun hast.« Das war tatsächlich sinnvoll in einer Zeit und einer Gesellschaft, in der der eigene Gehorsam das Überleben sicherte; als es zum Beispiel notwendig war, in einer Fabrik oder einem Bergwerk 16 Stunden täglich zu »funktionieren«, um am Abend mit einem Stück Brot für die ganze Familie nach Hause gehen zu können. Da ging es ums nackte Überleben. Für Gefühle oder Begriffe wie Selbstwertgefühl gab es wenig Verständnis noch Platz, weil zum einen alle Energie für das Überleben aufgewandt werden musste und zum anderen Bildungs- und Verhaltensnormen die Auseinandersetzung damit so gut wie unmöglich machten. Vieles war im Kollektiv geregelt: ob und was man zu lernen hatte (Bildung), ob und was man zu arbeiten hatte (Arbeit/Leistung), ob und (womöglich) wen man heiratete (Familie), dass man sich nicht wieder scheiden lässt, wie man mit Kindern umgeht, um sie schnellstmöglich zu ebenso funktionierenden Erwachsenen zu machen wie man selbst (Erziehung), woran man glaubt und wie man es regelkonform praktiziert (Religion), worüber man spricht oder besser schweigt und vieles mehr.

In den letzten Jahrzehnten haben sich die Welt und unsere Gesellschaft massiv verändert. Wir haben sehr viel Freiheit gewonnen, darüber *selbst* zu entscheiden, wie wir leben wollen, was wir arbeiten wollen, wie wir unsere Beziehungen führen wollen, wie wir uns (öffentlich) zeigen wollen, wie wir mit unseren Kindern umgehen wollen und so weiter.

FREIHEIT GEHT IMMER MIT VERANTWORTUNG EINHER.

Wenn wir frei entscheiden können, haben wir gleichzeitig die Verantwortung, umsichtig zu entscheiden und mit den Konsequenzen unserer Wahl zu leben. Es ist also eine gute Idee, sich sehr *bewusst* auseinanderzusetzen mit den Themen, die einen gerade betreffen, sei es Ausbildung, Berufswahl, Beziehungsgestaltung, Erziehung oder etwas anderes. Wenn wir es nicht bewusst tun, verselbstständigt sich gegebenenfalls ein altes, aus der Herkunftsfamilie gespeichertes Programm aus Ideen, Vorstellungen und Erwartungen, welches nicht nur ein fremdes Programm, sondern auch nicht mehr zeitgemäß sein könnte. Es wird vermutlich nicht authentisch zu der Person, die du heute, jetzt und hier als Erwachsene bist, passen.

Wir alle haben unsere Prägungen. In den ersten Lebensjahren bildet sich die Basis unseres Seins aus den Erfahrungen, die wir machen. Wir erleben Rollenvorbilder von Vater, Mutter und anderen Bezugspersonen. Wir sehen, wie Mann-Sein, Frau-Sein, Mutter-Sein, Beziehung-Leben und vieles mehr funktioniert. Und wir nehmen es zunächst als gegeben hin. Wir lernen, ebenso wie unsere eigenen Kinder heute, aus der Vorbildwirkung.

Erst viel später hinterfragen wir, was für uns selbst gut und richtig ist. Dafür ist die Teenagerzeit prädestiniert: sich selbst auszuprobieren, herauszufinden, was sich wie anfühlt und ob es passt. Sie kann einen chaotischen, verwirrenden oder auch wunderbaren Start in den mitunter lebenslangen Prozess des Bei-sich-Seins darstellen.

Manche lassen diesen Selbstfindungsprozess in den Jahren des Erwachsenwerdens freiwillig oder unfreiwillig aus und verharren in kindlichen Anpassungsmustern und Überlebensstrategien. Andere holen die Pubertät um Jahrzehnte verspätet nach und beginnen erst dann, sich selbst kennenzulernen und zu finden.

Leben ist Veränderung

Du darfst du sein. Du darfst sogar jeden Tag anders sein: mal so, mal so. Du bist nicht in Stein gemeißelt.

Jeder Mensch darf sich heute fragen, was ihn ausmacht. Er muss sich sogar solche Fragen stellen, um die Verantwortung für die eigenen Lebensentscheidungen, die großen und die kleinen, treffen zu können – jeden Tag aufs Neue.

> *»Persönliches Wachstum*
> *ist möglich, wenn du dich*
> *von Überlebensstrategien und*
> *von selbstzerstörerischem*
> *Verhalten löst.*
> *Die Bedingung dabei ist,*
> *aufrichtig zu bleiben.«*
>
> JESPER JUUL

Es gibt die gesellschaftliche Normierung der Eltern und Groß-eltern nämlich nicht mehr in dieser Form. Dafür gibt es heute umso mehr Einflüsse seitens der Medien. Jede und jeder kann heute täglich ein »Star« sein. Wir stellen uns manchmal freiwillig auf die Bühnen, die Facebook, Instagram und so weiter heißen, oder wir finden dort Menschen, die es tun, und uns zusehen lassen: beim Leben, Lieben, Lachen, Beziehungenführen, Erziehen … Wir sehen dort in der Regel, wie großartig die anderen das machen!

Ja, manchmal darf man auch in die Abgründe menschlichen Sozialverhaltens blicken. Doch das löst dann eher die Faszination des Grauens aus, als dass man es gerne nachahmen möchte. In der Regel finden wir die »Hoppalas«, die Wutausbrüche, das Chaos und die kleinen Sticheleien des Alltagslebens *nicht* auf einem sorgfältig gepflegten Instagram-Account oder Blog. Dort sehen wir nahezu perfekte Wohnungen, Kinder, Landschaften, Menschen, Beziehungen, Erlebnisse. Alles instatauglich!

Blöderweise vergleichen sich Menschen gern mit anderen. Auch hier wird aus Vorbildwirkung »gelernt«. So schnell kann man oft

Was hast du als Kind und Jugendliche/r übers Mutter-Sein bzw. Vater-Sein gelernt?

Wie hat eine »gute« Mutter/ein »guter« Vater sich zu verhalten?

Welchen Stellenwert haben Partnerschaft, Kinder, Arbeit und du selbst? Erstelle, ohne lange nachzudenken, eine Reihenfolge: Wer/was kommt zuerst?

Welche Werte müssen unbedingt weitergegeben werden?

Wie werden jene Werte transportiert?

gar nicht schauen, schon hat man den eigenen Anspruch auf ein instataugliches Leben kreiert. Völlig unbewusst!

Und völlig unrealistisch. Fotos auf Facebook, Instagram und Pinterest sowie anderen öffentlichkeitswirksamen Plattformen, besonders die mit dem positiven Wow-Effekt, haben selten etwas mit der Realität zu tun. Sie zeigen oder verherrlichen vielmehr die schönen Seiten. Der Staub, die Unordnung, die quengelnden Kinder, die schlechte Laune werden nicht so gerne hergezeigt. Wie sähe denn das aus? Was würden denn die Leute denken? Wie stünde man denn da?

Die Wahrheit ist: Wo Menschen sind, da »menschelt's«. Wo gehobelt wird, fallen Späne. Wo gelebt wird, gibt's Staub, Unordnung, Übersehenes, Vergessenes, Kaputtes ebenso wie die schönen und angenehmen Dinge. Lass dich nicht blenden und konzentriere dich lieber auf das, was du realistisch und tatsächlich bewirken kannst!

»Vergleichen ist der Tod des Glücks.«

SØREN KIERKEGAARD

Bitte nimm dir auch für die folgende Reflexion wieder ausgiebig Zeit, um in dir nach deinen Antworten zu forschen. Es geht hier darum, deine Vorbilder für das Elternsein auf den Prüfstand zu stellen. Kopiere die Seite heraus, suche nach Kindheitserinnerungen an deine eigenen Eltern. Vielleicht helfen auch hier Fotos, Briefe, Tagebucheintragungen?

Was ist dir wirklich wichtig im Zusammenleben mit anderen Menschen? Mit deiner Familie, deinem Partner oder deiner Partnerin, deinen Kindern, mit den Menschen, die dir etwas bedeuten?

Wie willst du handeln und behandelt werden (z. B. tolerant, rücksichtsvoll)?

Welche Werte (das, was uns im Leben so wichtig ist, das, wonach wir handeln, auch wenn niemand zuschaut) kannst du daraus ableiten (z. B. Respekt, Ehrlichkeit, Offenheit)?

Mit deinen Werten gibst du Dingen Wert

Wenn du deine Werte kennst, erleichtert dir das die großen und kleinen Entscheidungen im Alltag. Es gibt dir selbst Klarheit und Orientierung. Du wirst auch für andere klarer und deutlicher erfassbar. Wertebewusstsein ermöglicht selbstbestimmtes Agieren ebenso wie situationsangepasstes Reagieren.

Hier findest du eine Liste von insgesamt achtzig konstruktiven *Handlungswerten,* die das, *wie* wir etwas tun, definieren und die dir zur Anregung dienen. Selbstverständlich bist du frei, noch viele andere Werte für dich zu benennen.[11]

Neben den sogenannten Handlungswerten gibt es auch noch *Wertebereiche,* die das, *wofür* wir etwas tun, definieren wie Familie, Karriere, Arbeit, Materielles, Reputation, Beziehung. Interessanterweise unterliegen Wertebereiche viel stärker politischen oder auch religiösen Einflüssen als Handlungswerte, darum haben wir sie hier erst mal außen vor gelassen und fokussieren uns zunächst besser auf das, was Beziehungen stärker beeinflusst – nämlich *wie* wir miteinander umgehen. Wenn du deine Werte definiert hast, sieh dir im nächsten Schritt an, wie sich deine Werte in welchen Rollen und Beziehungen leben lassen.

Achtsamkeit	Fairness
Akzeptanz	Fleiß
Altruismus	Flexibilität
Anständigkeit	Freiheit
Aufrichtigkeit	Freude
Ausgeglichenheit	Frieden
Authentizität	Geben
Begeisterung	Geduld
Beharrlichkeit	Gelassenheit
Bescheidenheit	Genauigkeit
Besonnenheit	Gerechtigkeit
Beständigkeit	Gewissenhaftigkeit
Dankbarkeit	Gewaltlosigkeit
Demut	Glaube
Ehrlichkeit	Glaubwürdigkeit
Einfühlungsvermögen	Großzügigkeit
Einsatzbereitschaft	Güte
Enthaltsamkeit	Harmonie
Entscheidungskraft	Hilfsbereitschaft
Entschlossenheit	Hingabe

Hoffnung	Pflichtgefühl
Humor	Respekt
Idealismus	Rücksichtnahme
Inspiration	Sanftmut
Integrität	Selbstdisziplin
Intuition	Solidarität
Klugheit	Sparsamkeit
Lebendigkeit	Standfestigkeit
Leichtigkeit	Teilen
Liebe	Toleranz
Liebenswürdigkeit	Unabhängigkeit
Loslassen	Unbestechlichkeit
Loyalität	Unparteilichkeit
Mäßigung	Verantwortlichkeit
Mitgefühl	Verlässlichkeit
Mut	Vertrauen
Nächstenliebe	Verzeihen
Offenheit	Weisheit
Ordnung	Weitsicht
Partnerschaftlichkeit	Würde

Die folgende Tabelle zur »Werteinventur« kannst du herauskopieren und selbst ausfüllen. Hier steht auszugsweise ein Beispiel, wie unsere Seminarteilnehmerin Katrin die Liste ausgefüllt hat:

Rolle/Werte	Respekt	Ehrlichkeit	Offenheit	Summe
Mutter	8	5	5	18
Ehefrau	6	7	7	20
Tochter	9	4	3	16
Schwester	8	10	10	28
Summe	31	26	25	

Bewerte auf einer Skala von 0 bis 10, wie sehr du den jeweiligen Wert in der Rolle aktuell leben kannst (Bestandsaufnahme, kein Wunschszenario!).

Summe					
Rolle/Werte					Summe

Fragen zur Werteinventu- anhand der Zahlen aus der ausgefüllten
Wertetabelle:

Welche Werte kannst du am besten leben? Welche weniger?

Was fällt dir leicht (welche Werte lassen sich problemlos leben)?

Was ist schwierig für dich?

In welchen Rollen kannst du deine Werte am besten leben?

Am Beispiel von Katrin können wir sehen, dass Respekt insgesamt am stärksten in allen Rollen gelebt werden kann. Als Schwester kann Katrin generell ihre Werte am stärksten leben, als Tochter am wenigsten. Das liegt daran, dass Katrin in ihrer Schwester immer schon eine enge Vertraute hatte, die ihr auch im »Kampf« gegen die gemeinsamen Eltern eine Verbündete war. Der Respekt den Eltern gegenüber begründet sich genau genommen auf Angst, weshalb Katrin ihnen bis heute nicht offen und ehrlich aus ihrem Leben erzählt. Diese Diskrepanz ist Katrin aufgrund der Werteinventur bewusst geworden, ebenso wie der verhältnismäßig geringe Wert bei Respekt in ihrer Rolle als Ehefrau. Aufgrund des neuen Bewusstseins dafür kann Katrin nun entscheiden, ob und was sie gerne verändern möchte, und dann am Wie arbeiten. So laufen bewusste Selbstreflexion und Persönlichkeitsentwicklung strukturiert ab.

Wer seine Werte kennt, kann im nächsten Schritt auch seine Ziele entsprechend definieren, in Abstimmung mit den eigenen Werten. Wir brauchen Ziele, um den Weg zu finden, uns immer wieder neu orientieren oder ausrichten zu können. In Anlehnung an einen Ausspruch, den Sokrates getätigt haben soll, ist es entscheidend, wie wir die Segel setzen, egal woher der Wind weht. Doch auch das gelingt nur, wenn ich weiß, wohin ich will! Es kann schon in Ordnung sein, sich auch mal treiben zu lassen und die Brise zu genießen. Wenn ich weiß, was das Ziel ist, kann ich mich danach immer wieder orientieren und Maßnahmen setzen, um auf Kurs zu kommen. Konkrete Ziele ermöglichen uns, Erfolge messbar zu machen, sie geben uns Klarheit, um notwendige Schritte auf dem Lebensweg zu erkennen.

Damit die Ziele greifbar werden, empfehlen wir, sie für sich schriftlich klar und messbar zu formulieren.

Was ist dein Ziel im Zusammenleben mit deinen Kindern?

Was wünschst du dir für deine Kinder bzw. welche Erwachsene sollen deine Kinder werden (z. B. selbstbewusst, mutig)?

Woran wirst du erkennen, dass du bei ihrer Entwicklung hilfreich warst?

Schütze deine Integrität

Integrität bedeutet vom Wortstamm her »Unversehrtheit«, also unbeschädigt, ganz und heil zu sein. Persönliche Integrität setzt voraus, dass klar ist, was zu dir als Individuum gehört. Was ist in deinem persönlichen »Land« gegeben (wie sind dein Körper, dein Geist und deine Psyche beschaffen, was brauchen sie, wie ticken sie, wie belastbar sind sie)? Was ist in deinem »Land« gut und richtig (Meinungen, Werte, Geschmack ...)? Erst wenn du weißt, wie dein »Land« beschaffen ist, wo es beginnt und endet, erst dann kannst du es schützen. Du kann dafür einstehen und deine Grenzen wahren. Du kannst andere einblicken oder gar eintreten und deine Grenzen überschreiten lassen. Du kannst entscheiden, ob du selbst deine eigenen Grenzen überschreiten willst und wie oft du es zulässt.

Alles das setzt voraus, dass du dich bewusst damit auseinandergesetzt hast. Andernfalls passieren zum Beispiel Grenzüberschreitungen einfach so und du gelangst immer wieder in Situationen, die dich überfordern, kränken, auslaugen oder ärgern.

> »Wer sich nicht bewegt,
> spürt seine Fesseln nicht.«
>
> ROSA LUXEMBURG

Das klingt nach einer ganz schön umfassenden Aufgabe. Ist es auch. Sogar eine lebenslange Aufgabe, und was es besonders schwierig macht: Unsere Generation hat keine Vorbilder dafür, denn wir haben viel Freiheit, zu wählen – im Gegensatz zu unseren Vorfahren, die noch deutlich stärker als wir in Konventionen und gesellschaftlichen Normen verhaftet waren. Wir beschreiten diesen Weg ganz neu. Und dennoch: Für unsere Kinder sind wir mitverantwortlich, deren Integrität zu wahren, weil sie es selbst noch nicht können. Einerseits sind wir verantwortlich dafür, dass sie aus unserer Vorbildwirkung lernen können, wie es funktioniert, die eigene Integrität zu schützen, und andererseits sind wir dafür verantwortlich, dass Körper, Geist und Psyche unserer Kinder unbeschadet bleiben. Für einen Erwachsenen ist es leicht, die Grenzen eines Kindes zu überschreiten, weil es schwächer und kleiner ist. Ein Kind kann sich aus demselben Grund nur bedingt zur Wehr setzen. Darum sind wir gefordert, seine Integrität zu schützen. Wir haben viel mehr Erfahrung, erlerntes Wissen und erworbene Fähigkeiten. Wir sind als Erwachsene in der Lage, genau diese Fähigkeiten und unser Wissen zum Wohl unserer Kinder einzusetzen.

Allerdings: Wir können unsere Kinder nicht vor dem Leben selbst beschützen. Im Leben geschehen nun einmal Dinge, die schwierig sind. Menschen sterben, Unfälle passieren, Menschen können grausam sein. Das vermögen auch Eltern nicht zu verhindern. Doch wir können da sein und unseren Kindern zeigen, wie man mit solchen Erfahrungen umgeht, indem wir selbst es tun. Wir können sie in ihrem Schmerz begleiten, ihre Gefühle anerkennen, zusammen trauern und Wege beschreiten, die uns gemeinsam an den Erfahrungen wachsen lassen.

Eine Frage der Haltung

Aus unserer *Haltung* entsteht ein Ver*halten,* das entsprechende Gefühle erzeugt und idealerweise auch *Halt* gibt. Nehmen wir das Beispiel eines respektvollen Großvaters, der sein Enkelkind fördern will. Daher wird er sich mit dem Kind aufmerksam befassen und ihm mit

Wertschätzung begegnen. Bei dieser Behandlung wird sich das Kind nicht nur wahrgenommen, sondern auch ernst genommen fühlen. Es wird bemerken, dass der Großvater ihm etwas zutraut, und sich darüber freuen. Es kann sich also entspannen, darauf vertrauen, dass es selbst in Ordnung ist, und somit also Selbstsicherheit und sogar Selbst(wert)gefühl entwickeln. Und es wird mit sehr großer Wahrscheinlichkeit lernen, sich selbst im Leben ähnlich zu verhalten.

Ebenso funktioniert diese Wirkungsweise im destruktiven Sinne: Ein Erwachsener, der sich nicht für das Kind interessiert, es abwertet, wird Empfindungen des Übersehens und Unverstandenseins hervorrufen. Das Kind erfährt eine Rückmeldung, die impliziert: »Du bist nicht wichtig«, oder: »Ich glaube nicht an dich«. Entsprechend wird sein Anspannungsgrad steigen, weil es verärgert ist oder sich noch mehr bemüht, wahrgenommen zu werden. Jedenfalls erfährt es keine Bestätigung und sein Selbstwertgefühl wird kleingehalten. Ein Teufelskreis kommt in Schwung, denn so ein Kind wird mit großer Wahrscheinlichkeit andere, schwächere, abwerten.

Selbstwertgefühl

An dieser Stelle wollen wir den Begriff »Selbstwertgefühl« etwas genauer betrachten. Das Selbstwertgefühl bedeutet, ein nuanciertes Gefühl für sich selbst zu haben hinsichtlich Körper, Geist, Psyche und den vielen anderen individuellen Feinheiten, über die beim Thema Integrität die Rede war. Es hat nichts mit Leistung zu tun, auch wenn deine Fähigkeiten natürlich ebenso ein Teil von dir sind wie deine Schwächen.

Beim Selbstwertgefühl geht es weiter darum, wie man dazu steht, die oder der zu sein, der man ist, also wie man sich selbst »bewertet«. Achtung: Es geht keinesfalls darum, morgens aufzustehen und sich selbst als die Größte, die Beste, den Schönsten und überhaupt als Wonderwoman oder Superman zu sehen. Das wäre wohl eher ein übersteigertes Ego und findet sich bei Menschen, die potenziell ein schwaches Selbstwertgefühl haben. Vielmehr geht es darum, mit sich selbst zurechtzukommen, in guten wie in schlechten Zeiten.

Jedes Ich braucht ein Du, darum wächst das angeborene Samenkorn an Selbstwertgefühl aus der Rückmeldung anderer, wertvoll zu sein, ernst genommen zu werden, respektabel zu sein, in Ordnung zu sein, so, wie man ist. Je nachdem, welche Pflege diesem kleinen Samenkorn und später Pflänzchen zuteilwird, entwickelt sich das Selbstwertgefühl eines Menschen. Der Gehorsamskult ist leider Gift für seine gesunde Entwicklung, weil er keinen Wert legt auf den Menschen an sich, sondern rein auf seine Funktionstüchtigkeit und seine Leistungskraft.

Das Selbstwertgefühl ist allerdings das, was uns durch die großen und kleinen Krisen des Lebens trägt, es ermöglicht uns auszuhalten, wenn wir in ein Fettnäpfchen treten, jemand uns den Parkplatz wegschnappt, wir den Job verlieren, wenn unsere Ehe in die Brüche geht oder ein Freund sich abwendet. In solchen Situationen hilft uns Selbstvertrauen – das Vertrauen in die eigenen Fähigkeiten – wenig. Was nützt es schon, eine brillante Autorin zu sein, wenn mein Mann mich verlässt? Da brauche ich vielmehr die Information, als Mensch immer noch wertvoll zu sein, am besten als tief verankerte Gewissheit in mir.

Idealerweise erhalten wir diese Gewissheit von klein auf, und darum empfehlen wir die gleichwürdige Haltung in der Familie. So gibst du deinem Kind eine solide Basis für sein ganzes Leben mit.

Doch selbst wenn das in deiner eigenen Kindheit nicht der Fall gewesen sein sollte, du also eher ein schwaches Selbstwertgefühl hast – wie übrigens die meisten Menschen (gesellschaftlich und historisch bedingt) –, kann dein Selbstwertgefühl immer noch wachsen. Indem du wertschätzend, gleichwürdig, achtsam usw. mit

Ruf dir einen Menschen in Erinnerung, der eine sehr positive Wirkung auf dich hatte oder hat (Eltern, Großeltern, Lehrer, Trainerin, Professorin o. a.).

Was hat dieser Mensch getan, dass er so einen positiven Einfluss auf dich hatte?

Was war wohl seine Einstellung/ Haltung dir gegenüber?

Wie hat er wohl gedacht?

Wie war sein Verhalten?

deinem Kind und anderen Menschen *und ebenso mit dir selbst* umgehst, entwickelt sich von ganz allein ein feines Pflänzchen mit dem Potenzial zum kräftigen Baum!

In Verbundenheit wachsen: Liebe

»Erziehung ist Vorbild und Liebe« – so definierte es Johann Heinrich Pestalozzi, der große Pädagoge und Schulreformer im 18. Jahrhundert. Und tatsächlich lernen unsere Kinder am allermeisten aus der Vorbildwirkung, die wir auf sie haben, im Guten wie im Schlechten. Sieben Tage die Woche und 24 Stunden am Tag.

Auch darum ist es eine gute Idee, sich selbst zu reflektieren und an seiner eigenen Persönlichkeitsentwicklung bewusst zu arbeiten, anstatt die Dinge einfach laufen zu lassen und sich dann zu wundern, wenn einen die Kinder mit den eigenen Waffen schlagen.

Liebe hat viele Gesichter. *Was du brauchst, um dich geliebt zu fühlen, ist nicht selbstverständlich identisch mit dem, was dein Kind braucht, um sich geliebt zu fühlen.* Ebenso verhält es sich mit deinem Partner oder deiner Partnerin und anderen Menschen.

Es kann eine durchaus spannende Entdeckungsreise sein, herauszufinden, wer dein Gegenüber ist und was es braucht, um sich geliebt zu fühlen. Es erfordert deinerseits Offenheit, Neugier, Toleranz und bestimmt noch mehr, um sich dieser Haltung zu verschreiben, denn wir können nicht wissen, wie jemand anderes denkt und fühlt. Wir sind, jeder Einzelne, einzigartige Individuen, jedes ist anders. Kein Körper, kein Geist, keine Psyche ist gleich.

DU BIST EINZIGARTIG.

Wir können vielleicht erahnen, wer der andere ist und was er braucht, doch bestimmt nicht wissen. Wir haben Ideen und Interpretationen, doch wir wissen es einfach nicht. Wenn wir den anderen danach fragen und dieser sich selbst gut wahrnimmt und mit Worten einigermaßen gut ausdrücken kann, bekommen wir mehr Einblick. Aber Kinder können das oft noch nicht. Wir lernen einander kennen, indem wir miteinander reden, gemeinsame Zeit verbringen, einander beobachten, wahrnehmen und einander sein lassen, wie wir sind. Das ist schwer, wie schon Eltern von Säuglingen wissen. So oft haben wir keine Ahnung, was dieser kleine Mensch gerade will, wenn er schreit.

Es sind zwei wesentliche Grundbedürfnisse, die wir alle in den neun Monaten, die wir als Menschen im Mutterleib verbringen, erleben und danach weiterhin in uns tragen: das Bedürfnis nach *Verbundenheit* und das Bedürfnis nach *Entwicklung/Wachstum*.

Prof. Dr. Gerald Hüther, Neurobiologe:

▓▓▓▓ »Neben vielen bereits vorgeburtlich entwickelten Fähigkeiten und Fertigkeiten werden von jedem Neugeborenen zwei Grunderfahrungen mit auf die Welt gebracht. Die eine Erfahrung lautet: es ist möglich, immer wieder über sich hinauszuwachsen. Da wir im Mutterleib erlebt haben, dass das immer funktioniert hat, tragen wir alle die Erwartungshaltung ins Leben hinein, dass wir auch dort weiter über uns hinauswachsen können. Die zweite Erfahrung ist daran gekoppelt: dieses Hinauswachsen geschah in enger Verbindung zu einem anderen, der Mutter. Auch diese enge Verbundenheit ist jedem Menschen von Anfang an vertraut und bildet die Grundlage des Bedürfnisses, mit anderen verbunden zu sein. Diese Grunderfahrungen des in Verbundenheit über sich Hinauswachsenkönnens bildet die Grundlage unseres nicht immer leicht zu verwirklichenden Bedürfnisses nach Autonomie und Bindung.

Das ist die biologische Grundlage von Liebe und Vertrauen. Deshalb ist Liebe eine Art Naturgesetz. Liebe ist die einzige Beziehungsform, die gleichzeitig Wachstum und Verbundenheit beider Partner fördert. Die Liebe ist damit der einzige Weg zur Erfüllung dieses Grundbedürfnisses, mit dem jeder Mensch zur Welt kommt.«[12]

Anerkennen, was ist

Die Fähigkeit, etwas anzuerkennen, so wie es ist, ermöglicht uns selbst, frei zu werden von Vorstellungen, Erwartungen und Sehnsüchten. Sie gibt uns die Möglichkeit, dem, was wir gerade spüren, eine Daseinsberechtigung einzuräumen. Das ist Teil aktiver Selbstregulation und wirkt sehr befreiend. Und dieses »Anerkennen, was ist« ermöglicht es, dass wir anderen Menschen dieselbe Freiheit zugestehen.

IMPULS

Falls du dir manchmal die »Warum ist er/sie bloß so«-Frage stellst: Hör auf, nach dem Warum zu fragen, es wird dich nicht in die Lösung führen. Sag dir lieber: »Du bist du und ich bin ich.«

Anzuerkennen, dass mein Partner, mein Kind oder jemand anderes so ist, wie er ist, ohne ihn dafür zu bewerten oder gar zu verurteilen, fällt uns manchmal schwer – sind wir es doch so sehr gewohnt, abzugleichen, ob jemand in die »Norm« passt und unseren Vorstellungen entspricht. Ebenso ist es manchmal schwierig, eine Situation mit einem hochemotionalen Kind zu meistern, das vielleicht gerade einen Wutanfall hat. Und dennoch ist dieses »Anerkennen, was ist«

oft der Schlüssel, um wieder in einen Zustand zu kommen, in dem es möglich ist, nach vorn zu blicken.

::::

Wenn du traurig bist, bist du traurig. Wenn dein Kind wütend ist, ist es wütend. Wenn dein Partner frustriert ist, dann ist er frustriert. Jede Emotion darf grundsätzlich willkommen sein. Sie ist nicht besser oder schlechter als andere. Sie will gefühlt und anerkannt werden. Hinter der Emotion steckt ein Bedürfnis, das es lohnt, erforscht zu werden und nach Möglichkeit zu erfüllen. Diesen Prozess gilt es auszuhalten.

Du darfst deinem Kind getrost Emotionen zutrauen und sogar zumuten, selbst Trauer, etwa im Zuge eines Abschieds. Und dir auch. Je mehr wir versuchen, Gefühle zu negieren, umso deutlicher machen sie sich andernorts bemerkbar. Sie suchen sich einen Weg.

Es ist sehr anstrengend, Gefühle zu unterdrücken. Gefühle verschwinden nicht, indem wir so tun, als gäbe es sie nicht. Sie können sich dann verabschieden, wenn sie ihre Würdigung erfahren haben – dafür reicht es zu sagen: »Ja, es ist so«, »Ich bin traurig«, »Ich sehe, wie schwer es für dich ist« oder ähnliches.

Es ist nicht die Aufgabe deines Kindes (und auch nicht die deines Partners oder anderer), deinen Erwartungen zu entsprechen. Das würde ja auch bedeuten, dass es sein Selbst, seine Integrität (zumindest gelegentlich) zu verleugnen hat, um es dir recht zu machen. Dasselbe gilt natürlich auch für dich!

Nach der Auseinandersetzung mit den Erfahrungen aus der eigenen Kindheit, deinen Werten, Zielen, deiner eigenen Integrität und einer selbstwertstärkenden Haltung, nimm dir jetzt Zeit, die nachfolgende Reflexion zu durchlaufen. Vielleicht magst du dir diese Fragen immer wieder mal selbst stellen?

Was für eine Mutter/ein Vater willst du sein?

Wie verhinderst du bewusst oder unbewusst, diese Mutter/ dieser Vater zu sein?

Was brauchst du bzw. wer oder was kann dich unterstützen, diese Mutter/dieser Vater zu sein?

Was lernt dein Kind von dir aus der Vorbildwirkung? Was könnte ein guter nächster Schritt sein?

Danielas Erkenntnisse
für den Mama-Alltag

»Welche Mutter willst du sein?« Das ist eine Frage, die mir Linda tatsächlich genau so gestellt hat. Immer und immer wieder wollte sie, dass ich sie für mich beantworte – schon lange bevor es dieses Buch oder auch nur Pläne dazu gab.

Ich konnte sie nicht beantworten, zumindest nicht im ersten Moment. Klar, lieb, fair und freundlich will ich sein, immer da sein und lebenslang für mein Kind sorgen. Das steht außer Zweifel. Aber *wie* will *ich* sein, um das gut zu schaffen?

Ich musste dazu meine Vorbilder erst für mich finden, denn da, wo ich aufgewachsen bin, war der Ton etwas rauer und der Alltag ein komplett anderer als hier und heute. In der eigenen Familie wurde ich nicht recht fündig, aber zumindest war mir klar, wie ich es *nicht* machen wollte. Für mich ist es sehr spannend, jetzt als Erwachsene darüber zu reflektieren, was meine Kindheit ausgemacht hat und welche Rollen von Bezugspersonen als Vorbilder gespielt wurden. Da wird erstaunlich deutlich, wie auch schlechte Vorbilder wegbereitend und hilfreich sein können. Nämlich dabei, zu erkennen, wie es keinesfalls laufen soll.

Um herauszufinden, welche Mutter ich sein will, ist es für mich hilfreich, mich auf die Höhe der Kinder zu begeben. Was sehen sie? Was können sie eben nicht erkennen, weil sie zu klein sind? Was können sie zwar verstehen, aber nicht durch Sprache erklären? Was ist es, das sie mir unbedingt zeigen oder sagen wollen?

Ich sitze also am Boden oder hocke bei meinem Kind und schaue genau in die Richtung, in die es schaut. Was ist da?

Manchmal gelingt es mir so, zu erkennen, worum es gerade ging. Dieses Gefühl der Erleichterung und der Freude, das Strahlen in seinen Augen, wenn ich es richtig verstanden habe! Ja, das ist es, so will ich sein! Ich will fühlen, was mein Kind fühlt. Ich will erkennen, betrachten, bestaunen und wirken lassen, was mein Kind beschäftigt. Und ich will versuchen zu ermöglichen, wonach es sich ausstreckt, oder das große Gefühl auszuhalten und zu begleiten, wenn etwas nicht passt oder ich einen Wunsch nicht erfüllen kann oder möchte.

Meine Antwort auf Lindas Frage beschäftigt mich immer wieder. Mein Anspruch an mich selbst, meine Ansichten und die Bedingungen ändern sich im Laufe der Zeit, und so muss ich auch mein Muttersein immer wieder leicht adjustieren. Die Basis bleibt jedoch immer dieselbe: die Liebe, auf der alles bedingungslos aufgebaut wird, in der alles wachsen und werden kann.

Die lieben Rituale und ihre Tücken

Es ist oft echt angenehm und kommt uns Menschen entgegen, uns an Rituale und gewohnte Abläufe halten zu können. Die Zeit wird fassbar und planbar und wir wissen, was als Nächstes kommt. Manche brauchen diese festen Strukturen mehr als andere und Kinder scheinbar eher mehr als weniger.

Das ist gut, denn so gibt es konstante Abläufe, an denen wir uns gemeinsam orientieren und entlang derer wir unser Leben ausrichten können. Aber dann schlägt er beinhart zu, dieser gut strukturierte und perfekt geplante Alltag: Wir müssen um 8.30 Uhr im Kindergarten sein, um 9 Uhr beim ersten Meeting, die Handwerker kommen um 11 Uhr und kurz darauf soll das Essen fertig und die Kinder wieder abgeholt sein?!?

Diese feste Struktur engt mich selbst schon morgens ein, und das hat Auswirkungen: Ich habe Stress, den ich auf die Kinder übertrage, und natürlich ist ausgerechnet an diesen Tagen die Strumpfhose kratzig, das Brot zu hart, der Apfel beim Frühstück zu rot oder der Toast falsch geschnitten ... Was folgt, kennst du.

► **HÖRT AUF,** ◄
DIE KINDER
ZU ERZIEHEN,
SIE MACHEN
►►►► **EUCH** ◄◄◄◄
SOWIESO
ALLES NACH.

Karl Valentin

Raus aus der Spirale

»Mama, du bist blöd!« Das ist wohl der wichtigste Satz, der an so einem Tag ertönen kann. Ja, ich bin »blöd«, wenn ich mich so in den Strudel ziehen lasse und nicht auf die Kinder eingehe. Denn es würde unwesentlich länger dauern, zu fragen, wie der Toast aussehen soll, oder ich hätte es gut ausgehalten, 30 Minuten früher aufzustehen.

»Blöd« ist das Wort, das Kindern in den Sinn kommt, wenn sie etwas nicht gut finden, wenn sie mir sagen wollen, dass es in die falsche Richtung geht und wir das Ruder dem Stress überlassen. »Blöd« fasse ich aber in der Hitze des Gefechts auch oft als persönlichen Angriff auf, als Beleidigung und als Schimpfwort. »Sprich nicht so mit mir!«, entfährt es mir dann, und los geht die Fahrt. Am Ende heulen alle, der gut gemeinte und strukturierte Zeitplan ist zunichtegemacht und gut geht es niemandem. »So spricht man nicht mit seinen Eltern!« ist ein Satz, den ich als Kind oft zu hören bekam und der sich tief festgesetzt hat.

Ich muss da raus. Wenn ich rausmuss aus einer Situation, dann will ich auch erkennen, wo ich drin bin. Was mich stört und warum ich auf dieses und jenes so (über)reagiere, was mich triggert und weswegen ich auf 180 bin. Wo fange ich an und wo höre ich auf? Was gehört zu mir? Was macht mich aus? Linda schreibt vorn über Integrität. Darüber haben wir auch viel gesprochen und ich habe mir Gedanken gemacht, wer ich bin und wie ich mich finde. Sich selbst zu beschreiben und in Worte zu fassen, ist sehr hilfreich.

Ich bin ein Mensch voller Träume und Visionen, ich bin geordnet und dann wieder chaotisch. Geradlinig und ehrlich und nie lange böse nach einem Streit. Ich bin zuversichtlich und immer positiv und sehe oft mehr Chancen, als es sie tatsächlich gibt. Ich bin strebsam und leicht perfektionistisch, will immer alles und am liebsten sofort. Damit bin ich gut ausgelastet, und wenn ich nun versuche, die Menschen um mich zu hören und zu sehen, wird es zeitweilig eng ...

Meine Kinder sehen und fühlen das, sehen mich und machen genau das, was ich mache. Wir sind immer Vorbilder, und wenn ich mir das vor Augen führe, dann scheint es wieder klar, wofür ich kämpfen will: Ich will die Mutter sein, die Gefühle aushalten kann, die sie auf ihrem Weg begleitet, ihn sie aber selbst gehen lässt.

Mutterbild und Mutterrolle

Wir sind es oft selbst, die uns glauben machen wollen, wir seien Rabenmütter, wenn wir die Kinder schon mit einem Jahr in die Fremdbetreuung geben, um den Job, der uns erfüllt, zu behalten. Wir sind es selbst, die es rückschrittlich finden, wenn die Kinder mit drei Jahren immer noch nicht in den Kindergarten gehen. Egal, wie wir es drehen, es ist immer für jemanden »falsch«.

Meinen Kindern klarzumachen, dass genau das eben nicht falsch ist, ist mein Ansporn. *Mein* Leben zu leben und meinen Kindern zu zeigen: Mach, was du als richtig empfindest, wofür du brennst und was deine Leidenschaft ist, dann ist es gut! Meine Mädchen sollen erwachsene Frauen werden, die sich trauen, Nein zu sagen, und die für ihre Ideen einstehen. Frauen, die sich selbst ernst nehmen und damit den Zweiflern und Nörglern den Wind aus den Segeln nehmen.

Dieser Anspruch ist hoch, das ist mir bewusst – aber ich bin sicher, dass es jede Mühe wert ist. Mit jeder Hürde, die ich erkenne, benenne und mit etwas Glück auch meistern kann, lerne nicht nur ich dazu. Meine Kinder sehen den Umgang mit Herausforderung, Enttäuschung, Neuanfang und Freude. Das ist definitiv nicht einfach für mich: mein tägliches Learning, mich selbst so deutlich zu spüren und meine Wahrnehmung zu sensibilisieren. Sie sehen, wie ich auf meine Gefühle und auf die Antworten unserer Umwelt reagiere, spüren, was uns weiterbringt und wo wir als Familie noch mehr tun müssen. Ich weine vor den Kindern, wenn ich traurig bin, erkläre mich, wenn sie fragen, so wie ich lache und singe, wenn die Freude riesig ist. Ich wünsche mir, dass sie Erwachsene werden, denen es leichtfällt, mit großen Gefühlen umzugehen und sie als das anzuerkennen, was sie sind, nämlich die Farben und Töne, die das Leben bunt und vielfältig machen.

Was ist mein Ziel im Zusammenleben mit unseren Kindern?

Auch wieder eine Frage von Linda – und eine so wichtige, dass es sich lohnt, sie sich täglich aufs Neue zu stellen.

Das Zusammenleben, das Gefüge der Familie, der Alltag und die bunte Welt, die wir als unterschiedliche Menschen gestalten, ist vielfältig und ändert sich ständig. Viele Grundwerte, nach denen wir leben wollen, begleiten uns hingegen lebenslang, häufig haben wir sie schon selbst von der Familie mitbekommen. Dazu kommen die eigenen Erfahrungen und Vorstellungen vom Leben und ein bisschen so was wie ein »Idealbild«, das wir uns selbst zeichnen.

Manchmal sind es auch mehr oder weniger reale Vorbilder, denen wir nacheifern: Ich erwische mich dabei, den Newsfeed auf Instagram durchzuscrollen und bei den schönen, perfekten und mit Filtern bearbeiteten Familienbildern innezuhalten. Es sieht aus wie in einer Traumwelt, was uns dort gezeigt wird, und das sage ich, obwohl ich selbst mittendrin in dieser Bubble bin! »Glaub nicht alles, was du siehst!« wäre wohl vielleicht ein viel wichtigerer Hinweis als der gesetzlich vorgeschriebene, dass es sich wohl um »Werbung« handelt, wenn eine Marke erkennbar ist ...

Das, was wir da täglich konsumieren, kann wahnsinnig inspirierend, hilfreich und nützlich sein. Es gibt Ideen und Umsetzungen für fast jede Lebenssituation, aber auch ganz viel Blenderei und Schönfärberei. Es gilt wirklich selektiv damit umzugehen!

Mach es für dich ...

Wir haben es täglich selbst in der Hand, unser Leben und unser Zusammenleben zu gestalten. Mir gelingt das nicht immer gut und schon gar nicht leicht ... Tage, die kurzen Nächten folgen, kranke oder anhängliche Kinder, vergessene Termine und übergekochte Milch machen es zu dem, was es ist: das pure, echte Leben ohne Instagram-Filter. Dann brauche ich Abstand, Luft und Stille – manchmal reicht es, den Raum zu wechseln, aber meist sind es ein paar Stunden zum Alleinsein, die ich mir nehme, um mich wieder zu erden. Der Papa, die Oma, die Nachbarin, der Freund oder der Babysitter sind genau dann gefordert: Die Akkus wollen geladen werden, und das geht nun mal nicht nebenher. Das zu erkennen, hat bei mir Jahre gedauert. Ich bin die, die alles selbst kann und schafft, ich bin die, die Ziele erreicht und darüber hinauswachsen will. Das gelang mir im Berufsleben recht gut und ist ein Teil meiner Persönlichkeit. Wenn es aber darum geht, Hilfe anzunehmen oder, noch ein Schritt zuvor, überhaupt zu erkennen, dass Hilfe benötigt wird, dann habe ich noch ganz viel mit mir selbst zu tun.

... und mach es für deine Kinder

Ein Grund, warum ich begann, mich, meine Vergangenheit und das, was mich ausmacht, zu hinterfragen und in allen Facetten erkennen zu wollen, sind meine Kinder. Ich habe zwei Mädchen und auch im 21. Jahrhundert ist als Frau nicht alles so einfach, wie man hofft. Neben den Debatten um Nachteile bei Gehalt und Pension, schlechteren Karrierechancen, Altersarmut und so weiter ist es die Gesellschaft, die uns Frauen und Müttern immer noch mehr aufbürdet. Denn egal, wie wir uns entscheiden, als Mutter zu leben, ist es für andere vielleicht nicht »richtig«. Es zählt allerdings nur die eigene Sicht und die eigene Wahrheit, völlig unabhängig davon, ob »Working-Mum« oder »Stay-at-home-Mum«. Die Freiheit, uns zu entscheiden, ist untrennbar an die Verantwortung gekoppelt, und wenn wir das berücksichtigen, fällt es weniger schwer, sich nicht beeinflussen und beunruhigen zu lassen. Das ist allerdings nur ein Aspekt, denn egal welches Geschlecht, die Kinder von heute sind unsere Zukunft, und das, was wir ihnen mitgeben und vorleben, tragen sie in die Welt von morgen. Das ist eine riesige Verantwortung und eine schöne Aufgabe zugleich. Wir gestalten es maßgeblich mit: an jedem einzelnen Tag.

Meine Werte – deine Werte

Wenn es mir schwerfällt, den Weg, den ich gehen will, zu erkennen, dann hilft mir meine Werteliste. Ich lese sie durch, ordne sie manchmal neu, und denke nach. Geduld, Gelassenheit, Leichtigkeit, Respekt ... es sind immer andere, die gerade besonders im Fokus stehen. Werte sind etwas zutiefst Innerliches, und dennoch leuchten sie unübersehbar den Weg aus. Manchmal dauert es ein paar Tage, bis alles wieder klar wirkt.

Viele unserer Werte leben wir unbewusst und geben sie so auch den Kindern mit. Das ist ein Stück Individualität inmitten der Masse, das eine Familie ausmacht und sie zu einem ganz besonderen Gefüge wachsen lässt. Werte ändern sich auch, sobald ein neues Mitglied in die Familie kommt. Wenn ein Baby die Familie wachsen lässt, muss das Gleichgewicht wieder neu gefunden werden, und neue Aufgaben rücken in den gemeinsamen Fokus. Das Leben wird lauter, bunter und oft anstrengender. Die Balance entsteht nicht ohne aktives Zutun.

»Es ist nicht leicht Kind zu sein, nein!«, sagte Astrid Lindgren, und sie hat zweifelsfrei damit recht. Jenseits von »Stell dich nicht so an!«, »Tu doch nicht so!«, »Komm, sonst geh ich allein!« gibt es einen anderen Weg. *Ich will eine Mutter sein, die es den Kindern leichtmacht, Kind zu sein.*

SCHRITT 4

Die Ursachen in Körper, Geist und Psyche aufspüren und beheben

Es ist immer gut, die Ursachen eines Problems zu kennen, um es zielgerichtet beheben zu können. Es bringt ja nichts, das Blinklämpchen im Auto, das dich auf ein Problem am Fahrzeug aufmerksam macht, zu ignorieren. Auch das Lämpchen kaputtzuhauen oder auszutauschen und weiterzufahren kann gefährlich werden und wird nicht die Lösung sein.

Das blinkende Lämpchen entspricht dem Symptom. Solange an der Ursache nichts verändert wird, bleibt das Symptom bestehen, das Lämpchen wird also weiter um Aufmerksamkeit bitten. Erst wenn die Ursache herausgefunden und behoben wurde, kann das Lämpchen sich beruhigen und muss keine Symptome mehr zeigen. Es ist also von großer Bedeutung, konkret zu beleuchten, was die Ursachen bei *dir* sind, dass es überhaupt zum Schimpfen kommt.

> »Was ein Kind tut,
> soll nicht als eine Handlung,
> sondern als ein Symptom
> aufgefasst werden.«
>
> MARIE VON EBNER-ESCHENBACH

In Schritt 2 haben wir mithilfe von Onlineumfragen und in unzähligen persönlichen Gesprächen drei Bereiche identifiziert, die die meisten Erwachsenen als Ursachen nennen:

- Überforderung.
- Mangelzustände.
- Vorstellungen und Erwartungen.

Nun wollen wir diese Bereiche jeweils auf den folgenden Ebenen betrachten: *Körper, Geist* und *Psyche*. Diese Bereiche sind untrennbar miteinander verbunden, bei Unausgewogenheit wird es problematisch, bei massivem Ungleichgewicht lebensbedrohlich. Du hast diesen einen Körper, der deinen Geist und deine Psyche begrenzt und doch erst möglich macht, deine Ideen und Emotionen zu (er)leben. Geist und Psyche sind weniger gut greifbare Begriffe, dennoch wirst du deine eigenen Vorstellungen dazu haben, wie groß sie sind, wie weit sie reichen, ob sie sterblich oder unsterblich sind. Religionen und Philosophen auf der ganzen Welt sind sich uneinig. Wichtig ist, welche Bilder und Vorstellungen du davon hast – das ist nämlich deine Realität.

Der Körper ist im Hier und Jetzt

Dein Körper ist ein absolut zuverlässiges »Resonanzgefäß« im Hier und Jetzt. Mit deinen Gedanken und deinen Gefühlen kannst du sowohl geografisch als auch auf der Zeitschiene irgendwo auf der Welt in irgendeinem anderen Jahrzehnt sein – dein Körper ist immer im Hier und Jetzt. Du kannst in Erinnerungen schwelgen und die passenden Gefühle dazu haben – dein Körper reagiert immer im Hier und Jetzt.

Dein Geist und auch deine Emotionen können dir ganz schön Streiche spielen. Dein Körper aber wird das ausdrücken, was geistig und emotional darin vorgeht. Deine Gedanken, und da fallen auch deine Bewertungen und Interpretationen darunter, ziehen entsprechende Gefühle nach sich und finden durch den Körper Ausdruck. Wenn die Seele durch den Körper spricht, nennt man das Psychosomatik (Psyche meint das Seelische und Soma bedeutet Körper). Wenn du also lange Zeit eine psychische Belastung nicht ernst nimmst, wird sich früher oder später dein Körper mit ernsthaften Beschwerden melden, um dich darauf aufmerksam zu machen, dass etwas nicht stimmt. Oft äußert sich der Körper auch sehr unmittelbar und gibt ganz eindeutige Hinweise, wie es uns tatsächlich gerade geht, auch dann, wenn wir gute Miene zum bösen Spiel machen.

Die Menschen wissen das schon lange, daher gibt es in unserer Sprache sehr blumige Ausdrücke, die diese Erfahrung widerspiegeln:

- Das sitzt mir im Nacken.
- Das geht mir an die Nieren.
- Ich hab die Nase voll!
- Da kommt mir die Galle hoch.
- Das schlägt mir auf den Magen.
- Was ist dir denn über die Leber gelaufen?
- Das ist mir ein Klotz am Bein.

Der Psychoneuroimmunologe Prof. Dr. Christian Schubert von der Medizinischen Universität Innsbruck, Department für Psychiatrie und Psychotherapie an der Klinik für Medizinische Psychologie, sagt: »Bei jeder körperlichen Erkrankung spielt ausnahmslos auch die Psyche eine Rolle.« Daher werden dort an der Klinik nicht nur Laborwerte, sondern auch psychologische Aspekte menschlichen Lebens wie soziale Beziehungen, Gefühle und Gedanken berücksichtigt.

Als du zum ersten Mal Mutter wurdest, hast du dir bestimmt Gedanken gemacht, was dein Kind so alles braucht, damit es ihm gut geht und es sich toll entwickeln kann. Es braucht

- ausreichend Schlaf,
- viel Frischluft und
- Bewegung,
- gesunde Ernährung fürs Wachstum und entsprechend
- regelmäßige Verdauungsvorgänge,
- achtsame Körperpflege und natürlich
- passende Kleidung für jede Witterung. Darüber hinaus ist
- körperliche Nähe, Zuwendung und Geborgenheit wichtig.
- Dazu etwas geistige Anregung, damit es nicht langweilig wird, und verschiedene Unternehmungen, damit die Welt entdeckt werden kann und das Kind was fürs Leben lernt, wollen wir nicht vergessen.

Bestimmt hast du auch alles darangesetzt, dass die Bedürfnisse deines Kindes erfüllt werden. Und was ist mit dir selbst? Sorgst du auch so für dich?

Die nachfolgenden Fragen helfen dir dabei, einen Überblick zu verschaffen, wie es um deine Selbstfürsorge bestellt ist. Jede dei-

IMPULS

Sei dir selbst die Mutter/Freundin/Partnerin, die du in deiner eigenen Kindheit gebraucht hättest oder immer noch brauchst!

ner Antworten bietet sich an, weiter hinterfragt zu werden: Was brauchst du, damit du deinem Idealwert näher kommst?

Wie viel Schlaf brauchst du und gönnst du dir?

Wie viel Frischluft und Bewegung ermöglichst du dir?

Wie ausgewogen ernährst du dich?

Wie viel Zeit und Aufmerksamkeit widmest du deiner Körperpflege?

Wie achtsam behandelst du deinen Körper?

Wie gut versorgt bist du mit Zuwendung, Nähe, Geborgenheit?

Wer ist für dich da, in Freud und Leid?

Welche geistig anregenden Dinge gönnst du dir?

Begib dich aus der Abhängigkeit von deinen eigenen kindlichen Sehnsüchten, die jetzt, da du erwachsen bist, nicht mehr erfüllt werden. Wenn es etwas gibt, das du als Kind von deinen Eltern gebraucht hättest und nicht bekommen hast, dann wird das jetzt auch nicht mehr passieren. Deine Eltern haben immer das Beste gegeben, was sie konnten, genau wie du jetzt als Mutter. Erwachsen sein bedeutet auch, sich damit abzufinden, dass jetzt niemand mehr kommt und das Kind, das du einmal warst, »beeltert«. Wenn das heute jemand tun kann, dann bist das *du selbst*.

Es ist auch nicht die Aufgabe von anderen, egal ob Kinder oder Erwachsene, dich zu bemuttern. Es ist ganz allein deine eigene Verantwortung, dafür zu sorgen, dass es dir gut geht. Körperlich, geistig und seelisch.

Erst wirklich erwachsene Menschen können auch wirklich erwachsene Beziehungen miteinander führen. Sie sind frei für echte Beziehungen zueinander. Abhängigkeit ist keine gute Basis für erwachsene Beziehungen.

> **»Sei du selbst die Veränderung,**
> **die du dir wünschst für diese Welt.«**
> MAHATMA GANDHI

Doch bleiben wir noch ein wenig beim körperlichen Bereich und sehen uns die meistgenannten körperlichen Ursachen fürs Schimpfen an und wie wir ihnen begegnen können:

Was tun bei körperlicher Überforderung?

Wenn dir gerade alles zu viel ist, gerät auch dein Körper in Stress, er reagiert also mit Schwitzen, Herzklopfen, erhöhtem Puls, rascherer Atmung, hektischen Bewegungen und vielem mehr. Das heißt, du bist in einem Modus, der den Säbelzahntiger hinter jeder Ecke vermuten lässt – also in Alarmbereitschaft. Bereit zum Angriff oder auch zur Flucht, je nachdem, was die Situation ermöglicht. In diesem Zustand ist dein Nervenkostüm enorm angespannt und erträgt entsprechend wenig weitere Reizung. Wen wundert es also, dass du in so einem Moment ganz schnell explodierst? Die eine oder andere Überreaktion ist eigentlich eine logische Konsequenz deiner körperlichen Befindlichkeit. Wenn die Anspannung womöglich mehr als punktuell, also ein Dauerzustand ist, wird's noch haariger.

»Ich habe wirklich viel um die Ohren, mache so gut wie alles allein, weil mein Mann einen anstrengenden 60-Stunden-Job hat. Er muss schlafen und früh raus. Also habe ich nicht nur die Kinder ausgetragen, geboren, gestillt und nachts getröstet, sondern halte auch tagsüber seit Jahren den Laden am Laufen. Ich bin hier für alles zuständig und hab niemals Pause! Mittlerweile habe ich schon Schlafstörungen, selbst wenn die Kinder durchschlafen. Ich fühle mich gerädert, wenn ich morgens aufwache, mein Schädel hält kein Gequietsche mehr aus. Oft braucht nur einer von den Kleinen schräg schauen, und ich verliere die Nerven ...« *(Sabine, 35 Jahre, 3 Kinder)*

Hör deinem Körper aufmerksam zu! Er sagt dir genau, was er braucht. Allerdings schreit er nicht laut danach, sondern wird es recht leise sagen.

Hippokrates, der als der Begründer der wissenschaftlichen Medizin gilt und den Zusammenhang zwischen Körper, Geist und Seele erkannte, empfahl bereits:

- Gesundes Ess- und Trinkverhalten.
- Viel frische Luft.
- Bewegung.
- Körpereigene Selbstheilungskräfte nutzen.
- Homöostase (Gleichgewicht von Körper, Geist und Seele beibehalten).

Daran hat sich in über 2000 Jahren nichts geändert, denn genetisch haben wir uns in dieser Zeit kaum verändert.

Ernährung, die uns guttut

Es ist erstaunlich, wie viele Menschen in unserer modernen westlichen Welt schlecht ernährt sind und Mangelzustände aufweisen. Junkfood passt gut in unsere schnelllebige Zeit. Zucker liefert zwar schnell viel Energie, doch diese hält nicht lange an und führt dazu, dass man noch mehr Verlangen nach Zucker bekommt. Wasser sollte der Durstlöscher der ersten Wahl sein. Doch Hand aufs Herz, wie viel mehr Kaffee, Saft, Softdrinks oder sogar Alkohol werden tatsächlich getrunken?

Unser Organismus braucht seit Bestehen der Menschheitsgeschichte *Vitalstoffe* für seine vielfältigen Organ- und Zellfunktionen. Das sind Vitamine, Mineralstoffe, Spurenelemente, essenzielle Fett- und Aminosäuren und sekundäre Pflanzenstoffe.

Unser Körper ist auf die tägliche Zufuhr dieser Vitalstoffe angewiesen und hält damit ein sehr komplexes Gleichgewicht aufrecht, das uns ein Leben voll Energie, Kraft und Ausdauer ermöglicht. Hinzu kommt, dass wir lebensnotwendiges Wasser brauchen, da wir selbst überwiegend aus Wasser bestehen. Wirklich Wasser, keine Softdrinks.

IMPULS

Achtsames Trinken: Stell dir eine Kanne Zitronenwasser oder ungesüßten Tee schon morgens bereit und trinke sie bis zum Mittag leer. Für den Nachmittag gibt's eine neue Kanne. Unterwegs nimm einfach eine Trinkflasche mit!

Gesundheit beginnt im Darm

Diese Erkenntnis ist so alt wie die Medizin selbst. Der Darm verfügt über das höchstausgebildete körpereigene Abwehrsystem. Nirgendwo sonst findet ein intensiverer Kontakt zu Fremdstoffen statt. Um dein Stoffwechselsystem gut am Funktionieren zu halten, hier ein paar Empfehlungen:

- Viel Gemüse essen.
- Hochwertige Kohlenhydrate (Vollkorngetreide).
- Wenig Zucker, wenig Fett.
- Wenig tierisches Eiweiß.
- Viel Bewegung und Frischluft.
- Täglich mindestens 2 Liter Wasser trinken.
- Konservierungsstoffe vermeiden.

Industrielle Lebensmittel- und Getränkehersteller schaffen Begehren für Speisen und Erfrischungen, die einen wenig achtsamen Umgang mit unserem Körper bedeuten. Der in der Werbung propagierte Lebensstil ermöglicht vermeintlich, noch mehr zu leisten, noch mehr Zeit für anderes als Kochen zu haben und noch mehr Spaß oder Genuss.

Hier bist du gefragt, genau hinzuschauen, was du deinem Körper an Treibstoff zur Verfügung stellst! Ein Mangel an Vitalstoffen wie Magnesium, Eisen, Selen, Vitamin B, Vitamin D oder auch eine allgemein nicht gut funktionierende Verdauung aufgrund von nicht zuträglichen Ernährungsgewohnheiten oder zu wenig Bewegung kann zu folgenden Effekten führen:

- Müdigkeit, Kraftlosigkeit, Leistungsabfall.
- Depressive Verstimmungen.
- Konzentrationsschwäche, Vergesslichkeit.
- Gleichgültigkeit, Lustlosigkeit.
- Reizbarkeit, Unruhe.
- Schlafstörungen.
- Kopfschmerzen, Migräne.
- Nervenschäden, Muskelschwäche.
- Schädigungen der Schleimhäute.
- Immunschwäche, erhöhte Anfälligkeit für Infektionen.
- Sehstörungen.
- Schmerzen aller Art.

Und das ist nur ein Auszug möglicher körperlicher Symptome aufgrund mangelhafter Ernährung! Wen wundert es da, wenn wir mit solchen Zuständen bereits an der Grenze unserer Belastbarkeit sind, und dann keine Nerven zur Verfügung haben für quengelnde Kinder oder schlichtweg stressige Situationen?

1. *Ein paar Nüsse zwischendurch sind wertvolle Nahrungsquellen und nehmen den gröbsten Hunger, sodass du nicht
   über die nächste Schokolade herfallen musst.*
2. *Smoothies unterstützen natürliche Entgiftungsprozesse.*
3. *Zwischendurch immer wieder mal Öl ziehen zur Entgiftung.*
4. *Autophagiefasten = Intermittierendes Fasten,
   (z. B. 16 Stunden nicht essen – 8 Stunden normal essen)
   unterstützt deinen Körper bei der Zellerneuerung und
   kurbelt die »körpereigene Müllabfuhr« an.*

Mangelzustände entstehen allerdings nicht nur aufgrund von schlechten Ernährungsgewohnheiten. Auch Hunger, Schlafmangel, fehlende Bewegung, zu viel Stress, finanzielle Sorgen, materielle Nöte, Probleme im Job und zwischenmenschliche Katastrophen können zu körperlichen Stressreaktionen und Mangelzuständen führen.

»Aufgrund der Arbeitslosigkeit meines Mannes war unsere finanzielle Situation über wirklich lange Zeit angespannt. Das hat uns alle belastet, die Erwachsenen und auch die Kinder, weil wir Eltern in einer Art Überlebenskampf waren, der wenig Nerven für die Kinder übrig gelassen hat. Es gab oft Streit und schlechte Stimmung. Es war eine massive Zerreißprobe für unsere Familie. Gott sei Dank ist das jetzt wieder besser, trotzdem hat es Spuren in meinem Nervenkostüm und in den Beziehungen untereinander hinterlassen.« *(Mutter, 2 Kinder)*

Der Appell lautet an dieser Stelle, genau zu hinterfragen:

Was könntest du an deiner Ernährung konkret verbessern?

Was solltest du besser lassen?

Was könnte dein nächster Schritt sein?

Die Dosis macht das Gift

Und dann ist da noch der Bereich der Vergiftungen und Unverträglichkeiten, die ähnliche Folgen wie Mangelerscheinungen haben. Damit sind Umwelteinflüsse gemeint, die durch den öffentlichen Raum auf uns einwirken, wie schlechte Luft und auch Elektrosmog. Heute ist man ja so gut wie nirgends mehr frei von elektromagnetischer Strahlung, also Mikrowellen, die uns ermöglichen, permanent online zu sein (WLAN, mobiler Datentransfer). Sendemasten werden mittlerweile so flächendeckend und stark eingerichtet, dass man noch im letzten Winkel des Kellers guten Empfang haben kann. Selbst wenn du daheim, zumindest nachts, deinen Internetrouter ausschaltest, könntest du vermutlich immer noch mit dem WLAN deines Nachbarn weitersurfen. Und es ist kein Geheimnis, dass Strahlung sich belastend auf Menschen auswirkt.

Medienkonsum hat Suchtpotenzial, wie Zucker oder Drogen. Wenn man mal abhängig davon ist, wird es ziemlich hart, wieder davon loszukommen. Selbst wenn das Ausmaß des Medienkonsums noch nicht extrem ist, so lenkt es doch ganz schön ab, wenn laufend neue Nachrichten sich geräuschvoll melden. Der Blick aufs Handy zwischendurch ist nicht nur jedes Mal eine gedankliche Unterbrechung, sondern auch eine zwischenmenschliche, wenn man gerade mit jemand zusammen ist.

Erwachsene empfinden es als Desinteresse, wenn während eines Beisammenseins das Handy auch am Tisch mit dabei sein muss. Kindern wird es wohl ähnlich gehen. Bei Kindern kommt noch hinzu, dass die elektronischen Geräte für sie mit Spielen und Spaß verbunden sind, und sie nicht verstehen können, dass du es vielleicht als Arbeit betrachtest, eine Nachricht zu beantworten. Für die Kinder bedeutet es ganz eindeutig, dass deine Aufmerksamkeit woanders ist als beim Kind.

Was kann man da machen? Selbstdisziplin und klare Medienzeiten für dich und die Kinder, das wäre hilfreich! Auch wenn es noch so verlockend sein mag, es gibt ein Leben *ohne* Handy, Internet und Fernsehen. Das heißt ja nicht, dass du diese gar nicht nutzen darfst. Wie so oft macht die Dosis das Gift. Deine Kinder können die Verantwortung darüber nicht übernehmen, das ist eindeutig die Verantwortung der Erwachsenen – und selbst für die ist es oft sehr schwer!

...... IMPULS ......

1. Vorschlag: Schalte deinen Router zumindest nachts aus. Der Körper soll sich wenigstens im Schlaf wirklich regenerieren können! Kinder reagieren übrigens noch empfindlicher auf Elektrosmog als Erwachsene.

2. Vielleicht reicht ja zweimal täglich E-Mails checken schon aus? Alle zwei Stunden auf dem Handy schauen, ob jemand InstantMessages geschickt hat? Finde das für dich passende Maß.

Vorstellungen und Erwartungen

Du bist jung, grundsätzlich gesund und hast dich fürs Muttersein entschieden … wie sollte es da Zweifel daran geben, dass du die vielen Herausforderungen des Mama-Alltags körperlich problemlos wegsteckst?

Oh, deine Schwiegermutter erklärt dir, dass sie es doch auch geschafft hat, alles unter einen Hut zu bringen, und sie war noch dazu Alleinerzieherin im Gegensatz zu dir. Also stell dich doch bitte nicht so an! (Das, was hier passiert, nennt sich passiv-aggressive Übertragung.)

Ach, deine Mutter erzählt dir, dass zu ihrer Zeit nicht so ein Tamtam gemacht wurde und sie die Kinder »irgendwie nebenher«

großgezogen hat. (Sie vergisst dabei zu erwähnen, dass deine Groß-
mutter ihren Job gemacht hat.)

Ups, auf Instagram beobachtest du die Supermuttis in ihren
schicken Wohnzimmern und an ihren tollen Ausflugsorten und
denkst dir: »Wow, sieht die gut aus – nicht so fett und abgekämpft
wie ich.«

Da gibt es Einflüsterer, Role Models, Teufelchen auf der eigenen
Schulter, die dir weismachen wollen, dass Mama-Sein körperlich
easy ist. Angefangen von der Schwangerschaft über die Still- und
Tragezeit bis hin zur Ich-muss-ständig-hinterher-sein-Phase. Und
darüber hinaus sind die körperlichen Aspekte vom Muttersein kei-
neswegs zu unterschätzen!

Es ist oft sogar unglaublich anstrengend, mit wenig Schlaf aus-
zukommen, trotz blanker Nerven liebevoll und ruhig zu bleiben.
Bitte quäl dich nicht auch noch mit eigenen Vorstellungen und Erwartungen an dich und deinen Körper! Lass auch mal fünf gerade
sein und erkenne an, wenn du fix und fertig bist. Dein Körper sagt
dir sehr genau, wo seine Grenzen sind – du brauchst nur auf ihn zu
hören. Nimm seine Signale ernst und halte dir die Ohren zu, wenn
andere meinen, sie wüssten es besser.

»Ich habe jahrelang Raubbau an meinem Körper betrieben:
viel sitzend gearbeitet, eigentlich immer Stress gehabt, wenig
Bewegung, kaum Tageslicht. Wie ein Grottenolm! Vom Essen
will ich gar nicht reden. Unglaublich, dass ich in dieser Zeit
sogar noch zwei gesunde Kinder geboren habe. Ich dachte,
das geht schon. Es ist ja auch lange Zeit gut gegangen. Bis ich
sehr krank wurde. Das wünsche ich niemandem. Ich habe da
erst erkannt, wie wichtig es ist, wie ich mit meinem Körper
umgehe. Ich bin doch nicht unbesiegbar. Und auch nicht unsterblich.« *(Silvia, 36 Jahre, 2 Kinder)*

Schaffe
dir selbst
einen
angenehmen
Moment
mindestens
einmal am Tag.

Binde dir ein elastisches Armband um dein Handgelenk. Jedes Mal, wenn du dich dabei erwischst, dass du mit dir selbst zu hart umgehst oder deine Grenzen überschreitest, muss das Armband auf das andere Handgelenk wechseln. Währenddessen überlegst du dir, wie du stattdessen mit dir umgehen willst. Das Ziel ist, dass das Armband 21 Tage lang am selben Handgelenk bleibt.

Erwarte nicht von dir selbst, eine Maschine zu sein, die allzeit zu Diensten bereitsteht, alle Anforderungen locker vom Hocker meistert und dabei auch noch kameratauglich bleibt.

Erwarte auch nicht, dass deine Kinder sich immer unkompliziert verhalten und es dir leicht machen, das werden sie voraussichtlich nicht tun. Wenn du schon hundemüde bist und sie immer noch nicht schlafen wollen, wenn du krank im Bett liegst und sie weiter nach dir rufen, wenn du den ganzen Tag noch nichts gegessen hast und sie dir deine Wurstsemmel wegessen … Es sind Kinder.

Erwarte nicht, dass die anderen rücksichtsvoll dir gegenüber sind, wenn du es selbst auch nicht bist – also du mit ihr. Sie haben lernen dürfen, wie weit du deine Grenzen zu überschreiten fähig bist, und halten es für normal.

Sag, was du brauchst, wie es dir geht, was du willst und was du nicht willst. Am besten dann, wenn es gerade aktuell ist. So lernen dich deine Liebsten besser kennen und lernen, wo deine Grenzen verlaufen.

Es ist wichtig, die individuellen Zeichen des Körpers wahrzunehmen und nicht mit Glaubenssätzen wie »Das muss jetzt noch erledigt werden« oder »Ich höre nicht auf, bevor es perfekt ist« wegzudrücken. Wann bin ich müde? Wann brauche ich Bewegung? Was fehlt mir jetzt? Je besser du das für dich selbst praktizieren kannst, umso eher wird dein Kind es lernen.

DU BIST IMMER VORBILD, IM GUTEN WIE IM SCHLECHTEN. 24 STUNDEN AM TAG, 7 TAGE DIE WOCHE.

Falls es Dinge gibt, die du ändern kannst, dann *tu es*. Eine gute Möglichkeit dafür ist, nach einer Bestandsaufnahme erst mal »durchzuputzen«, dich frei zu machen, also zu entrümpeln.

Entrümpeln – warum Minimalismus zählt

Es kann sehr befreiend sein, sich von alten Gewohnheiten, Dingen, Menschen und Ideen zu trennen, die du nicht mehr brauchst. Ein Zuviel von allem trägt ganz klar zur Überforderung bei. Darum lautet die Empfehlung: Entrümple dein Leben!

Mach dich frei von Erwartungen anderer an dich, von deinen eigenen Glaubenssätzen, von Zeitfressern wie Fernsehen, Internet und Co. Nimm Abstand von modernen »Vampiren«, von Besitz,

Was will ich sicher nicht mehr?
(z. B. für Haushalt komplett allein zuständig se n)

Was soll anders werden?
(z. B. einen freien Vormittag in der Woche, regelmäßig exklusive Paar-
zeit, Putzhilfe alle 14 Tage)

Was will ich behalten?
(z. B. meinen Mann(!), gute Laune)

der dich besitzt, und anderen statuserhaltenden Klischees. Hinterfrage die Sinnhaftigkeit und Notwendigkeit vieler Kleinigkeiten, die dich Energie und Zeit kosten, und wenig oder gar nichts bringen. Unterscheide Wünsche von Bedürfnissen und setze *deine* Prioritäten!

Wenn wir schon bei der Bestandsaufnahme sind, schauen wir auch noch, was du vielleicht auslagern könntest, also in Zukunft nicht mehr selbst machen wirst.

»Seit ich eine Putzhilfe habe, ist es so viel stressfreier in unserer Familie und besonders für mich geworden. Auch wenn es natürlich mit Kosten verbunden ist, diesen Aufwand ist es für uns allemal wert! Ich werde nicht mehr wegen Dingen hysterisch, die mit kleinen Kindern ohnedies schwer aufrechtzuerhalten sind. Ich meine meinen Sauberkeitsfimmel, und auch das Ordnungsthema hat sich entspannt.« *(Lisa, 32 Jahre, 2 Kinder)*

In der folgenden Reflexion erstellst du zuerst eine übersichtliche Liste an To-dos, die (vermeintlich) alle in deiner Verantwortung liegen. Und nun überlege, was davon wirklich unbedingt sein muss (falls nicht: entrümpeln!), und ob du das tatsächlich alles höchstpersönlich machen musst. Gibt es vielleicht eine Möglichkeit zur Auslagerung, auch familienintern (Mann, Kinder)? Hier ein Beispiel, wie eine solche Liste zur gerechteren Aufteilung der Verantwortung aussehen könnte:

Ich	Mein Partner	Kinder
Teilzeit-Job (20 Std.)	Fulltime-Job	Schule
Einkaufen Lebensmittel		Saubere Wäsche in den Schrank räumen
Kochen		
Putzen und Ordnung halten	Müll rausbringen	Geschirrspüler ein- und ausräumen
Wäsche: waschen, bügeln, in Schränke räumen		
Kinder bringen & holen		
Hausaufgaben begleiten		

Ich	Mein Partner	Kinder

Achtsamkeit & Co.: Den Geist wieder frei machen

Unser Gehirn ist ja eigentlich in erster Linie dazu da, als Schaltzentrale für die vielen Vorgänge in unserem Körper zu dienen, die unser Überleben sichern. Unser Frontallappen (der Teil des menschlichen Gehirns, der direkt hinter der Stirn sitzt, der »Sitz der Persönlichkeit und des Sozialverhaltens«) erlaubt es uns, über etwas nachzudenken, Pläne zu schmieden, Erfindungen zu machen, vernünftig zu sein und vieles mehr. Das ist prima! Trotzdem kann man es auch damit übertreiben.

In einer Welt, die stark virtuell geprägt ist, und in der wir regelrecht bombardiert werden mit vielen notwendigen und noch mehr unnützen Informationen, sammelt sich einiges an Gedanken im Kopf. Manchmal scheint er dem Platzen nahe, stimmt's?

Die Augen zählen medizinisch betrachtet zum Gehirn. Wir nehmen Informationen über Bildschirme aus elektronischen Geräten auf – über unsere Augen direkt ins Gehirn. Elektromagnetische Strahlung, blaues Licht, wenig Blinzeln, Informationsflut ... Nach einer langen Bildschirmphase kannst du es vielleicht sogar spüren, wie deine Augen müde werden und dein Geist »gaga«. Bei Kindern kann man es noch besser beobachten, sie sind nämlich empfindlicher.

Jedenfalls sammelt sich schon ganz ohne Medienkonsum so einiges an geistigem Müll in unserem Kopf, der sortiert, bearbeitet oder entsorgt werden will.

> *»Wer sich nachts*
> *zu lange mit den Problemen*
> *von morgen beschäftigt,*
> *ist am nächsten Tag zu müde,*
> *sie zu lösen.«*

RAINER HAAK

Dann gibt es noch das Phänomen der freiwilligen geistigen Vermüllung. Damit sind völlig sinnentleerte und trotzdem belastende Inhalte für den Geist gemeint wie Horrorfilme, YouTube Kacke (das heißt wirklich so), ein großer Gaming-Markt und Ähnliches. Vermeintlich soll das alles lustig sein oder einen Kick liefern. Was tatsächlich bleibt, ist ein Geist, der, bildlich gesprochen, ratlos vor einem Haufen Müll steht.

Oft wird, besonders was Fernsehen betrifft, mit Entspannung argumentiert. Die Entspannung ist aber nur eine vermeintliche, denn während dein Körper lasch auf der Couch liegt, ist dein Geist äußerst beschäftigt, der Story am Bildschirm zu folgen. Er ist dann nicht im Hier und Jetzt deiner tatsächlichen Gegenwart, sondern sowohl zeitlich als auch geografisch dort, wo das Fernsehen dich gerade hingeschickt hat. Dein Körper reagiert jedoch, wie immer, im Hier und Jetzt. Dasselbe gilt für Social-Media-Surfing.

SEI ACHTSAM, WAS DU DIR SELBST AN INFORMATIONSFLUT ZUMUTEST.

Geistige Überforderung

Du kannst dich geistig überfordern durch

- ein deutliches Zuviel an Informationen, gepaart mit
- Anforderungen, die zu erledigen sind (geistige To-do-Listen),
- dazu ideologische, z. B. pädagogische Ansprüche,
- Gedanken, die belastend sind,
- Probleme, die zu lösen sind,
- Interpretationen,
- Bewertungen,
- moralische, ethische (innere) Diskussionen,
- zeitliche und geografische »Gedankenreisen«,
- emotionsauslösende Fremdeindrücke (z. B. Fernsehen),
- Glaubenssätze

und vieles mehr.

Vermeidung

Wann auch immer es dir möglich ist, vermeide geistigen Müll! Prävention ist besser als alles andere. Wenn du den Mist erst gar nicht in deinen Kopf hineinlässt, brauchst du dich hinterher nicht mit seiner Entsorgung auseinanderzusetzen. Halte dich fern von Menschen und Medien, die wie moderne Vampire auf dich wirken. Sie saugen dir Energie heraus und verschmutzen deinen Geist. Du spürst sehr genau, was dir guttut und was nicht. Nimm es ernst!

»Ich lese seit vielen Jahren keine Tageszeitungen mehr und schaue auch keine Nachrichten. Das, was ich wissen muss, bekomme ich mit, und das, was ich wissen will, suche ich mir gezielt aus dem Internet. In meiner Jugend habe ich viel Fernsehen geschaut, das habe ich massiv reduziert. Oft haben mich Filme tagelang beschäftigt, manche bis heute. Mir geht es viel besser, seit ich das so handhabe.« *(Nicole, 39 Jahre)*

Bewusster Umgang

Es ist nicht immer möglich, allen externen Einflüssen durch andere Menschen oder Medien zu entgehen. Dann mach dir zumindest bewusst, welche es sind, die dir nicht guttun, und wann und wo genau du damit konfrontiert bist. So kannst du dich rechtzeitig »wappnen« und besser abgrenzen, sodass möglichst wenig wirklich zu dir durchdringt.

»Wenn mir jemand mit einem seltsamen Argument in einer Diskussion kommt und ich nicht darauf eingehen will, dann sage ich ‚Interessante Ansicht!' und nicke, wenn der weiterredet. Hat mir mal jemand in einem Seminar geraten. Innerlich schalte ich ab und lasse dem anderen seines. Ich muss ja nicht mit jedem einer Meinung sein. Erstaunlicherweise beruhigen sich solche Leute dann bald.« *(Karin, 40 Jahre)*

Achtsamkeit, Konzentration und Bewegung

Meditation ist eine gute Möglichkeit, durch Achtsamkeits- und Konzentrationsübungen deinen Geist zu beruhigen und zu sammeln. Das Ziel ist Ruhe im Kopf und damit allgemeines Wohlbefinden. Gedanken dürfen kommen und gehen, du lässt sie vorbeiziehen wie Wolken am Himmel. Entscheidend ist das Hier und Jetzt. Wie immer im Leben.

>>*Ein stiller Geist*
bietet ein ruhiges Zentrum
in jedem Sturm.<<

VEIT LINDAU

Es gibt unzählige Angebote zur Meditation: in Gruppen, allein, mit Audioanleitung zu speziellen Themen, mit oder ohne Entspannungsmusik, mit Meeresrauschen und vieles mehr. Aber auch viele andere Entspannungs- und Achtsamkeitstechniken können dir helfen, deinen Geist zu klären.

IMPULS

Yoga verbindet z. B. gezielte Bewegungsabläufe, Atmung und Meditation miteinander. Versuch es mal! Und wenn Yoga nicht für dich passt, dann findest du vielleicht eine andere Möglichkeit, Körper, Geist und Atem in harmonische Schwingung zu bringen? Probier Verschiedenes aus, bis du gefunden hast, was dir guttut.

Unser Körper kann uns sehr dabei helfen, die Balance wieder herzustellen. Geh einfach in die Natur hinaus, am besten zu Fuß, denn so hast du Kontakt zum Boden, der dich erdet.

Geh täglich mindestens 10.000 Schritte, das reicht zur Erhaltung der Gesundheit laut Weltgesundheitsorganisation. Auch Ausdauersport eignet sich wunderbar, um den Kopf frei zu bekommen. Wenn er noch dazu an der frischen Luft stattfindet, wird es noch schneller funktionieren. Im Wald werden zusätzlich Botenstoffe von den Bäumen freigesetzt, die deiner Seele guttun.

Doris Edith Kormann, Waldpädagogin, FLL-zertifizierte Baumkontrolleurin, Praktikerin Cranio-Sacral-Balance und Shiatsu, psychosomatische und akademische Kinesiologin, Human Design Analytikerin:

Über die Schwingung der Bäume

»Bäume haben eine Schwingung – so wie jedes Wesen eine eigene Frequenz oder Vibration hat. Wenn Sie wollen, können wir es auch als eine Art Musik bezeichnen. Musik besteht ja bekanntlich aus mehreren Tönen, und ein ganz besonders wichtiger Ton ist die Stille. Ja, das ist nämlich auch eine Tonqualität – die Stille … z. B. nach dem Einatmen und auch vor dem Ausatmen gibt es sie – die Stille. Ebenso zwischen den Wörtern, die wir sprechen, und auch unseren Gedanken. Erlauben wir uns doch mal, die Stille in uns wahrzunehmen … Seien wir ein Vorbild für unsere Kinder. So, wie die Bäume und der Wald für uns Erwachsene Vorbilder sind.

Bäume sind uns ein gutes Vorbild, denn im Laufe seines Lebens macht ein Baum sehr viele Erfahrungen – Regen, Kälte, Frost, Hitze, Beleidigungen wie Nägel, beschädigte Rinden, Wildverbiss oder gar Anfahrschäden – und trotzdem bleibt er in seiner Güte und vollen Kraft – er kann ja nicht weglaufen. Er macht das Beste daraus, denn für ihn gilt: Wenn die Schwingung stimmt, fällt einem alles in den Schoß bzw. in die Krone …

Bäume führen keine Gerichtsprozesse, weil einer dem anderen vielleicht zu viel Licht wegnimmt. Sie sind in Frieden – im Einklang – mit dem, was sie sind und wo sie sind. Diese Bescheidenheit lässt ihr wahres Potenzial entfalten – keine Vergeudung an Kraft oder Abwehr im Sinne von z. B. Unzufriedenheit über ihren Standort – sie machen das absolut Beste draus! ... und genau diese Zufriedenheit und Wahrhaftigkeit ist so anziehend – lässt uns so sehr regenerieren, auslassen ... endlich loslassen.

Letztendlich ziehen auch nicht wir die Grenzen, sondern das Leben und die Natur – und genau so lernt das Kind – so wie auch der Baum ... Man muss nichts sein, sich nicht beweisen oder gar rechtfertigen. Und dieses So-sein-Können lässt wieder alles in uns fließen!«[13] ⣿

Geistiger Mangelzustand

Manchmal ist es schwer zuzuordnen, ob ein Mangelzustand eine körperliche, geistige oder seelische Ursache hat – ja, sogar Ursache und Wirkung können manchmal in verschiedene Richtungen laufen. Schlafmangel etwa wäre eine körperliche Ursache, die sehr stark in den geistigen Bereich wirkt, und umgekehrt kann ein Mangel an geistiger Ruhe wiederum Schlaflosigkeit verursachen.

Bei zu wenig gedanklicher Achtsamkeit empfiehlt sich mal wieder das Entrümpeln, vor allem bezüglich deiner Denkweisen. Wir Menschen machen uns jeden Tag sehr viele Gedanken, die meisten davon wiederholen sich immer wieder und bilden so eine Art Spirale, die sich entweder ins Positive oder ins Negative schraubt.

Hier ein paar sichere Tipps, wie du deine Gedanken in einer Negativspirale hältst – mit anderen Worten, wie du es *nicht* machen solltest:

⣿ Betrachte alle negativen Gedanken, die du hast, als realistisch.

::: Dramatisiere Kleinigkeiten.

::: Bestehe darauf, recht zu haben!

::: Finde gute Ausreden, bevor du zu dir selbst ehrlich bist.

::: Halte dich immer an »gut gemeinte« Ratschläge von Menschen, die nicht an dich glauben.

::: Ignoriere deine Intuition, sie versucht dich nur fehlzuleiten!

::: Pfeif auf einen höheren Sinn für all dein Wirken.

::: Versuche immer perfekt zu sein.

::: Vergleiche dich stets mit anderen, vorzugsweise »Besseren«.

::: Beschäftige dich umfassend mit problematischen Eventualitäten in der Zukunft.

::: Halte an scheußlichen Erfahrungen aus der Vergangenheit fest.

In der Erziehungsratgeber-Ecke begegnest du seit Jahren den Stichworten »bedürfnisorientiert«, »attachment parenting«, »unerzogen«, »bindungsorientiert« und so weiter. Natürlich ist die Absicht hinter diesen Strömungen immer eine gute – auch unsere hier in diesem Buch, wir reihen uns bei »beziehungsorientiert« ein –, doch empfiehlt es sich, aus den Eltern keine Pädagogen zu machen. Das bist du nämlich nicht. (Außer natürlich, du hast einen pädagogischen Beruf erlernt und bist jetzt Mama, dann hast du ein anderes Problem als jene Mamas, die einfach Mamas sind und eine Profession daraus machen wollen.) Du kannst dich nämlich geistig auch überfordern, indem du deine Ansprüche an dich selbst sehr hochschraubst, und dich dann unmittelbar selbst in einen Mangelzustand katapultieren, indem du dich permanent mit anderen vergleichst.

Dazu bietet die virtuelle Welt beste Unterstützung: Auf Instagram, Facebook und Co. kannst du dich rund um die Uhr mit anderen Müttern messen, die noch gescheitere und noch pädagogisch wertvollere Wege beschreiten, ihre Kinder zu begleiten. Und das kann sehr rasch zu einem Mangel an Selbstwertschätzung führen.

»Ich erlebe es in hohem Maße frustrierend, diese supersoften großartigen Mütter auf Instagram zu sehen, mit ihren sanften Stimmen und bedeutungsschweren Messages. Ich komme mir dann wie eine Versagerin vor, die nicht so lieb ist, nicht so schön ist, auch nicht so gebildet und eloquent. Und überhaupt fühle ich mich dann als die hinterletzte Mutter ever. Die Anti-Mum! Deshalb hab ich mich von manchen Seiten abgemeldet. Es war einfach nicht auszuhalten!«
(Katrin, 29 Jahre, 1 Kind)

Ähnlich wie beim Körperwahn(sinn), der über die Medien bei manchen Menschen extreme Selbstoptimierungsambitionen auslöst, kann es sich beim Erziehungsthema gestalten. Schwups, fühlst du dich elend, weil dein Geist vor lauter »ich muss das so machen« und »ich sollte jenes ganz anders machen« erstens nicht zur Ruhe kommt und zweitens sich selbst verurteilt und niedermacht.

> *»Entspannen Sie sich.*
> *Genießen Sie einander und die Kinder.*
> *Das ist das Beste, was Sie für sich*
> *und die Kinder tun können.«*
>
> JESPER JUUL

Gönne deinem Geist lieber mal »Dienstschluss«. Du bist sowieso zu jeder Zeit die beste Mama, die du sein kannst. Und wenn es gar nicht anders geht, schreib dir eine Liste von den Dingen, die du glaubst, machen zu müssen, und schau sie dir morgen nochmal in Ruhe an. Rom ist auch nicht an einem Tag erbaut worden.

Ohne Bewertung und Interpretation lebt es sich besser
Bewertung dient zur Einschätzung einer Situation. Wenn du einen Raum betrittst, wirst du unbewusst bewerten, ob dieser Raum sicher ist, oder du besser gleich wieder umdrehst und gehst. Auch um abschätzen zu können, welche Möglichkeiten dir zur Verfügung stehen, um eine Situation zu bewältigen, ist es sinnvoll, zu bewerten.

Klar musst du, schon deiner Integrität zuliebe, bewerten, ob du etwas magst oder nicht. Allerdings sind Bewertungen über andere Personen, im Speziellen dir Nahestehende, meistens nicht notwendig und auch nicht beziehungsfördernd.

»Als mir klar geworden ist, dass Loben auch nur eine Form von Bewertung ist und meine Kinder das gar nicht brauchen, habe ich damit aufgehört. Es war zu Beginn gar nicht leicht, weil es mir einfach passiert ist, dass ich Sachen gesagt habe wie ›das hast du toll gemacht‹ und ›wie schön du das gezeichnet hast!‹. Mittlerweile habe ich mir das ganz gut abgewöhnt.« *(Sandra, 37 Jahre, 2 Kinder)*

Eine authentische Anerkennung schadet weder einem Kind noch einem Erwachsenen. Inflationäre und unauthentische Bewertungen, ob Lob oder Tadel, braucht jedoch keiner.

BEWERTE WENIGER!

Ebenso ist es mit den Interpretationen: Man muss nicht alles interpretieren, was man wahrnimmt. Also, wann ist es sinnvoll und notwendig, zu interpretieren?

Das Land der Interpretationen ist riesengroß, weil es meistens wirklich viele Möglichkeiten gibt, eine Situation zu interpretieren. Die Wahrscheinlichkeit, dass du mit deiner gewählten Interpretation ins Schwarze triffst, ist also entsprechend gering.

Es mag Berufe geben, die darauf angewiesen sind, zu interpretieren und zu werten. Doch nicht in allen Lebensbereichen ist das eine gute Idee. In Beziehungsangelegenheiten, in denen es um so etwas Hochkomplexes wie Menschen geht, empfiehlt es sich, so wenig wie möglich zu interpretieren. Probiere es mit einem Perspektivenwechsel, um dich geistig neu zu orientieren.

Etwas aus einem anderen Blickwinkel zu betrachten oder sich auch mal einzufühlen in die Wahrnehmungswelt eines anderen, kann wahrlich erhellend sein.

> *»Probleme kann man niemals mit derselben Denkweise lösen, durch die sie entstanden sind.«*
>
> ALBERT EINSTEIN

Vorstellungen und Erwartungen auf den Prüfstand stellen

»Die nächste Generation, die diese Erde übernimmt, hat eine Chance, die Zerstörung zu beenden, die durch bisherige Generationen verursacht wurde. Damit das gelingt, müssen wir Kinder großziehen, die sich nicht im inneren Kriegszustand befinden und deswegen unseren Planeten selbstsüchtig ausbeuten. Die Menschen gehen mit den Mitmenschen und der Erde so um, wie mit ihnen als Kind umgegangen wurde. Das erfordert, dass wir aufhören müssen, unsere Kinder zu dominieren. Stattdessen sollten wir Kinder ohne die Konzepte von Hierarchie und Trennung aufwachsen lassen, damit sie, anstelle von ›Andersartigen‹, die Einheit aller Menschen, aller Lebewesen und dieses ganzen Planeten, wahrnehmen.«[14]

Naomi Aldort spricht hier davon, den inneren Krieg zu beenden, bei dem wir uns selbst bombardieren mit: »Ich bin nicht gut genug« oder bei dem wir mit Gewalt Vorstellungen durchbringen wollen mittels z. B. »Aber das muss jetzt genau so passieren und nicht anders«. Sie bezieht ihre Aussage auf unseren Auftrag als Eltern den Kindern gegenüber. Wir müssen bei uns selbst anfangen. Wie kannst du einen Krieg beenden, den du in dir selbst weiterführst?

Glaubenssätze hinterfragen

Deine wahrgenommene Realität ist nichts anderes als ein Geflecht aus Glaubenssätzen, nach denen sämtliche Erfahrungen verzerrt, eingeordnet und bewertet werden. Glaubenssätze sind größtenteils unbewusste Gedanken, die dein Bild von dir selbst, den Mitmenschen und der Welt prägen, und damit deine Entscheidungen, dein Verhalten und dein Erleben. Du schaffst sozusagen mit deinen Glaubenssätzen deine Wirklichkeit.[15]

Bestimmt hast auch du Glaubenssätze, die dich geistig in Stress versetzen. Perfektionsgedanken zum Beispiel oder die Idee, es allen recht machen zu wollen. Wir haben das alle, mehr oder weniger. Der Glaubenssatz ist an sich ja nichts Schlechtes, er hat eine gute Absicht und motiviert uns, Dinge überhaupt zu tun. Problematisch wird es, wenn wir es übertreiben und unser Perfektionismus so weit reicht, dass wir uns selbst und alle anderen um uns herum völlig wahnsinnig machen. Dann sollten wir uns von der Extremausprägung dieses Gedankens lösen.

Der erste Schritt ist immer, den konkreten Glaubenssatz zu identifizieren, von dem du dich lösen willst. Wenn du ihn gefunden hast, kannst du dir einen neuen Glaubenssatz kreieren, an den du lieber glauben willst. Der alte hat, bildlich gesprochen, in deinem Gehirn eine mehrspurige Autobahn hinterlassen, weil du viele Jahre lang diese »Strecke« ausgefahren, also nach diesem Gedanken gelebt hast. Versuche nun, in deinem Gehirn einen neuen Weg zu gehen, ihn immer wieder zu benutzen, sodass er zum Trampelpfad wird, der nach und nach immer breiter wird, asphaltiert und irgendwann zur neuen Autobahn, die du ganz selbstverständlich befährst – indem du den neuen Glaubenssatz anwendest, sprich, an ihn glaubst und danach handelst.

Sei gnädig mit dir selbst, wenn du ab und zu wieder auf der alten Strecke landest. Es braucht Übung und viele Wiederholungen, eine neue Autobahn zu nutzen.

Aber wie könnte ein neuer Glaubenssatz aussehen?

- Achte darauf, dass er mit »ich« beginnt.
- Formuliere ihn positiv.
- Lass ihn ruhig einen Prozess beschreiben und nicht das Endergebnis.
- Er soll dir auf jeden Fall guttun!

Statt: »Wenn ich meine aggressiven Gefühle zulasse, bin ich eine schlechte Mutter« könnte dein neuer Glaubenssatz nun beispielsweise lauten: *»Ich erlaube mir, alle meine Gefühle anzuerkennen.«*

Psyche: Die Klaviatur der Gefühle

Man spricht von Psyche, wenn man die Gesamtheit dessen meint, was im Volksmund als »Innenleben« oder »Seelenleben« bezeichnet wird. Und was spielt sich im Inneren ab? Dort haben wir Emotionen und Gefühle, was genau genommen nicht dasselbe ist. Emotion leitet sich aus dem Lateinischen »ex« und »movere« ab, bedeutet also so viel wie Bewegung nach außen. Die Basisemotionen Angst, Ärger, Ekel, Freude, Trauer und Überraschung lassen sich nicht unterdrücken und auch nur schwer verstecken, weil sie zumindest in Mikroexpressionen unserer Mimik erscheinen – selbst bei gut geübten Pokerfaces. Umgekehrt, wenn eine Emotion nur vorgespielt wird, erkennen wir das aufgrund des Fehlens der entsprechenden (authentischen) Mimik. Die gute Nachricht ist, jeder gesunde Mensch kann diese Zeichen wahrnehmen, sogar ganz ohne Ausbildung. Doch hüte dich vor den Interpretationen, woher die Emotionen kommen, also warum jemand sie hat.

Gefühle sind sozusagen der Ausdruck unserer wahrgenommenen Emotionen und setzen das Bewusstwerden derselben voraus. Wir werden im Folgenden also von Gefühlen sprechen.

Üblicherweise spüren wir Gefühle im Rumpfbereich, in der Nähe des Herzens, in der Brust oder auch im Bauch. Vom kleinen Flattern über starkes Brennen, Pochen, Ziehen, Drücken, Stechen bis hin zu einer explosionsartigen Druckwelle, dem »Herzzerreißen«, reichen die beschriebenen Ausdrucksformen. Es fühlt sich sehr unterschiedlich an. Du kennst das ja.

Neben den Grundgefühlen gibt es eine ganze Menge anderer Abstufungen, Schattierungen und Zwischentöne auf der »Klaviatur der Gefühle«.

Es gibt auf einem echten Klavier viele Tasten, die unterschiedliche Töne erzeugen, hohe und tiefe, helle und dunkle Töne, laute und leise. Doch kein Ton auf der Klaviatur ist besser oder schlechter als der andere! Um ein virtuoses Stück auf dem Klavier zu spielen, braucht man alle Töne und tut gut daran, sie bespielen zu können, wenn es die Melodie verlangt.

Gesellschaftlich scheinen viele Gefühlstöne und deren Abstufungen wenig anerkannt zu sein, etwa Wut, Frust, auch Trauer, um nur einige zu nennen. Doch wenn wir und unsere Kinder nur drei Töne auf der Klaviatur der Gefühle erlernen dürfen, können wir damit nicht einmal »Alle meine Entchen« spielen.

Es ist enorm wichtig, mit *allen* Gefühlen der Klaviatur umgehen zu lernen, damit wir nicht nur die Sinfonie unseres Lebens spielen können, sondern auch, um uns im echten Leben als erwachsene Menschen nicht schreiend auf dem Supermarktboden zu wälzen, wenn wir etwas nicht bekommen! Damit deine Kinder lernen können, dass alle Töne auf der Gefühlsklaviatur o.k. sind, ist auch deine Vorbildwirkung erforderlich. Das bedeutet, dass du auch dir selbst deine Gefühle erlaubst, sie anerkennst, statt sie zu unterdrücken oder so zu tun, als wären sie nicht da. Davon verschwinden sie nämlich nicht.

Deine Gefühle sind ein Teil von dir. Sie kommen und gehen, sie verändern sich wie das Wetter. Dass du dir erlaubst, Wut zu spüren, bedeutet noch lange nicht, dass diese Wut auch zerstörerische Kraft entfaltet. Oft ist es die Angst vor der eigenen Heftigkeit, die es verhindert, sich selbst die Wut zu erlauben.

IMPULS

Das könnte ein guter erster Schritt sein: Wenn du z. B. Wut spürst, sagst du:»Ich bin wütend!« Das kannst du gerne auch sehr laut sagen und mit deiner authentischen Körpersprache untermalen (geballte Fäuste, Anspannung usw.). Damit tust du niemandem weh, gibst den anderen jedoch eine Information darüber (ohne Schuldzuweisung), was sich gerade in dir abspielt, und dass du anerkennst, was ist.

Du wirst für deine Liebsten umso deutlicher greifbar, je authentischer sie dich erleben. Authentisch bedeutet vom Wortstamm her »echt« sein. Es geht also darum, dich zu zeigen als die, die du bist. Und wenn du wütend bist, bist du wütend. Deinen Kindern kannst du sowieso nichts vormachen, sie spüren ganz genau, wenn es eine Diskrepanz gibt zwischen dem, was dein Mund sagt, und dem, was dein Körper spricht.

Du bist also einerseits als Vorbild im Gefühlsmanagement gefragt, und andererseits als Coach für deine Kinder, die noch zu lernen haben, wie sie mit ihren Gefühlen umgehen können, wollen und dürfen. Möglicherweise dürft ihr beide noch lernen, das ist auch o. k. Das ist kein Makel, sondern eine weitere Chance, gemeinsam mit deinem Kind zu wachsen.

Es geht hier um Selbstregulation. Selbst wenn es manchmal schwer ist, es auszuhalten, wenn ein Kind einen Gefühlsprozess von Wut über Zorn über Frust über Trauer durchläuft: Es ist doch sehr wichtig für dein Kind, diesen Prozess durchlaufen zu können, weil es dabei lernt, Frustrationstoleranz auszubilden. Diese wiederum ist enorm wichtig, weil wir im Leben nicht alles bekommen, was wir uns wünschen.

Wunsch und Bedürfnis

Jesper Juul nennt das einen »gesunden Konflikt«, wenn du Nein zu einem Eis oder Lolli im Supermarkt sagst und dein Kind daraufhin ausflippt.

Achtung: Es geht hier um einen Wunsch! Es ist wichtig, zwischen Wunsch und Bedürfnis zu unterscheiden. Ein Wunsch ist so etwas wie ein Lolli oder ein Spielzeug, ohne das wir auch gut leben können. Ein Bedürfnis ist etwas, woran wir in letzter Konsequenz sterben, wenn es nicht erfüllt wird. Kontakt, Nähe und Zuwendung sind soziale Bedürfnisse. Die Kunst ist, den Kontakt nicht abreißen zu lassen, auch wenn du Nein zu einem Wunsch sagst. Wenn du dir immer wieder bewusst machst, wie wichtig es für dein Kind und sein Gefühlsmanagement ist, solche Prozesse zu durchlaufen, wirst du kritische Situationen viel gelassener sehen. Du bist weiterhin da, bleibst bei deinem Nein und stehst bei, wie auch immer du gebraucht wirst beim Umgang mit diesen heftigen Gefühlen. Manche Kinder benötigen in so einer Situation Abstand, wollen in Ruhe gelassen werden, andere brauchen Nähe, Trost und Zuwendung. Du wirst herausfinden, was bei deinem Kind das Richtige ist. Wichtig ist, auch gegenüber deinem Kind anzuerkennen, dass es so ist, wie es ist. »Ich kann sehen, wie schwer es für dich ist, doch ich kaufe dir keinen Lolli.« Auf diese Art verlierst du nicht den Kontakt zu ihm, auch wenn es tobt, und kannst trotzdem bei deinem Nein bleiben.

IMPULS

*Es ist immer wieder hilfreich, die Sicht des Kindes einzunehmen, um zu erkennen, worum es eigentlich geht und was gebraucht wird. **Variante Selbstfürsorge:** Das kannst du auch für dich selbst machen, indem du dein »inneres Kind«[16] befragst, was es fühlt und was es braucht.*

Psychischer Überforderung begegnen

Das Leben konfrontiert uns immer wieder mal mit schwierigen Situationen: wenn die eigenen Eltern krank sind oder sterben, wenn Unfälle von einer Minute auf die andere alles verändern, wenn es im Job so rundgeht, dass es dich auch außerhalb vom Büro oder zu Hause noch belastet. All das kann eine massive psychische Belastung darstellen, also auch überfordern.

Aber es muss noch nicht einmal so dramatisch zugehen. Es reicht manchmal schon, wenn ein paar Menschen zusammenkommen, und schon »menschelt's«: Jeder braucht und will etwas anderes, da sind einige eifersüchtig aufeinander, du fühlst dich für alle verantwortlich, nimmst dich in dem ganzen Kuddelmuddel als Versagerin wahr, und dann kommt noch jemand daher und kritisiert dich oder erpresst dich emotional … Drama in Reinstform. Wer da nicht nach Luft schnappen muss, ist echt gut.

Apropos nach Luft schnappen: Der Atem ist der Zubringer zu

unseren Gefühlen. Der Atem hält uns am Leben und verbindet Körper, Geist und Psyche.

Der Vagusnerv ist Teil deines parasympathischen Nervensystems und ist zuständig für körperliche Ruhezustände sowie dafür, dass wir in freundlicher Art mit anderen in Kontakt gehen können. Erst mit seiner Hilfe können wir uns auf andere Menschen einstellen und uns ihnen in angemessener Weise über Mimik und Augenbewegungen zuwenden, also sozial interagieren. Durch deine bewusste und verlangsamte Atmung kannst du Einfluss auf den Vagusnerv nehmen, weil sie beruhigend auf deinen Körper und über Umwege auch auf dein Gegenüber wirkt. Cool, oder?

IMPULS

Wenn du psychisch überfordert bist: atme bewusst! Damit kannst du deinen Vagusnerv direkt beeinflussen, dich selbst zur Ruhe bringen und bleibst für andere Menschen weiterhin erreichbar.

Besonders in Krisensituationen ist es wichtig, dich nicht von Sorgen und Ängsten oder auch Vorurteilen aus dem Hier und Jetzt ziehen zu lassen, sondern mit deiner Aufmerksamkeit da zu bleiben, wo du dich selbst regulieren kannst. Es geht darum, in der eigenen »Mitte«, also ganz »bei sich« zu sein. Was heißt das? Gemeint ist, ganz in unserem Körper zu Hause zu sein, sich zu spüren. Sicherheit, Ruhe und Klarheit schlummern immer als Ressource in uns, sie stehen uns immer zur Verfügung. Doch manchmal verstellt uns die Außenorientierung die Sicht und wir können auf die eigenen Fähigkeiten nur eingeschränkt zugreifen.

Um den Moment aktiv zu erleben und gestalten zu können, braucht es die Fokussierung des Moments. Das Hier und Jetzt. Es ist immer jetzt![17]

Die Konzentration auf das Jetzt, in Kombination mit einem bewussten Atem und dem Anerkennen, was ist (»ich bin sehr aufgeregt«), sollte dazu führen, dass du ruhig wirst. Sowohl die Gedanken als auch die Gefühle können abschwellen und müssen nicht weiter herumirren. Sobald es dir gelingt, ruhiger zu werden in einer Situation, kurz bevor du dein Kind schimpfst, frage dich in ebendieser Ruhe: *Worum geht es hier wirklich?*

In Wahrheit geht es ja nicht um den Lolli, wegen dem dein Kind gerade schreit, es geht nicht um die schlechte Schulnote, es geht auch nicht um die liegen gelassenen Socken im Wohnzimmer. Es geht in Wahrheit immer um etwas anderes, um Bedürfnisse, die nach Befriedigung schreien. Auf beiden Seiten! Darum lautet die Folgefrage: *Was ist wirklich wichtig?*

»Wenn es mal zu Hause so richtig zugeht, die Geschwister streiten, nicht aufhören und nicht auf mich hören, wenn die Situation so richtig schlimm eskaliert, dann schrei ich herum. Danach bin ich voll fertig und erschöpft. So als hätte man mir den Stecker gezogen. Und dann kommt so ein alter Schmerz in mir hoch, der sagt: ›Wenn es hart wird, dann bist du immer allein.‹ Dann tu ich mir richtig leid und denk mir, dass ich alles allein schaffen muss, dass keiner mich lieb hat. Aber das stimmt in Wirklichkeit gar nicht, denn ich muss zwar schon viel allein stemmen, aber da ist ein Mann, der mich liebt, und der wirklich ein lieber Vater ist, wenn er da ist. Und ich könnte mir auch mehr Babysitter zur Unterstützung leisten. Ich glaub, das ist ein alter Glaubenssatz, der sich richtig in mein Hirn gebrannt hat. Den sollte ich mir mal anschauen, denn meine Kinder können eigentlich nichts für meine Vorgeschichte.« *(Maria, 44 Jahre, 2 Kinder)*

Selbstwert: Du bist die, die du bist

Jesper Juul beschreibt Selbstbewusstsein als »Funktion« des Selbst-(wert)gefühls.[18] Beim Selbstwertgefühl geht es darum, mit sich selbst zurechtzukommen, in guten wie in schlechten Zeiten. Wohl gemerkt, es geht *nicht* darum, sich selbst als die Größte, die Beste, die Schönste und überhaupt Tollste zu sehen. Sondern gemeint ist eine nuancierte Betrachtung und ein entsprechendes Gefühl für dich selbst, das uns hilft, die Höhen und Tiefen des Lebens zu durchwandern. Wer bist du, was macht dich aus, in Körper, Geist und Seele?

Auch wenn du einen Anteil in dir trägst, der dich manchmal mit Anlauf ins nächste Fettnäpfchen springen lässt, so gehört auch dieser Anteil doch zu dir und du bist immer noch o. k. als Mensch, selbst wenn dir so etwas »passiert«. Um einen solchen Moment aushalten zu können, brauchst du Selbstwertgefühl. Wenn es gelingt, selbst diese Anteile zu integrieren, statt gegen sie anzukämpfen, wird es dich insgesamt stärken, weil es dich vervollständigt.

Wenn du dich für eine Versagerin hältst, hör auf damit, so etwas zu denken. Du bist immer die beste Mama, die du sein kannst. Zu jeder Zeit.

Auch wenn du fünf Minuten später anders darüber denken solltest, so hast du es im entscheidenden Moment für richtig gehalten, so zu handeln, wie du gehandelt hast. Sonst hättest du es nicht getan. Ist das nicht ein versöhnlicher Gedanke? Wenn du mitfühlend mit dir selbst bist, kannst du auch Mitgefühl mit anderen empfinden. In der Selbstliebe steckt viel beruhigende Kraft. Deshalb hör auf, gegen dich selbst zu kämpfen, und schließe Frieden und Freundschaft mit dir selbst.

IMPULS

Klopfe mit allen fünf Fingerkuppen der einen Hand auf die Handaußen- (Dünndarm-Meridianlinie) und Handinnenkante (Dickdarm-Meridianlinie) der anderen Hand und sprich dazu positive Affirmationen wie z. B. »Ich bin gut, so wie ich bin«.

Alle vier Handkanten viermal täglich, sechs Wochen lang.

Sehr heftige Gefühle müssen heraus

Gerade im Zustand der psychischen Überforderung kann es sehr hilfreich sein, dem, was ist, Raum zu geben, etwa durch Schreien, auf ein Kissen einschlagen oder Holzhacken, wenn Wut da ist. Aggressiven Gefühlen körperlich Raum zu geben, sollte mit Ton stattfinden. Wenn du also auf ein Kissen eindrischst, mach ein Geräusch dazu – öffne die Kehle weit und lass das Gefühl, das in deinem Rumpf steckt, geräuschvoll heraus. Manchen Leuten bleibt die Wut sprichwörtlich im Hals stecken, und dann entzündet sie sich dort (Psychosomatik). Wenn sie gar nicht rausdarf, entzündet sie sich auf Dauer dort, wo du es brodeln lässt, vielleicht im Bauch. Jedenfalls finde eine Form, die dein Kind und auch andere Menschen nicht verletzt.

Auch Weinen ist erlaubt, sogar vor den Kindern. Du brauchst dich nicht mit deiner Trauer zu verstecken. Vielleicht sind es ja auch gar keine Tränen der Trauer. In der Überforderung ist es manchmal nicht klar, welches Gefühl tatsächlich im Vordergrund steht, weil ja so viele Gefühle da sind, wodurch die Überforderung eben erst zustande kommt. Weinen ist da ein prima Ventil, das übrigens Kinder auch oft nutzen. Kennst du das, wenn der Tag lang war, dein Kind vieles erlebt hat, eigentlich lauter schöne Dinge, und trotzdem weint es abends – scheinbar ohne Grund? Die Schleusen gehen auf, der Überdruck darf heraus mittels Tränen und Schluchzen. Das ist einfach eine befreiende Sache, danach geht's einem besser.

Emotionale Überforderung ist etwas sehr Anstrengendes. Viele Menschen erleben sie noch schlimmer als körperliche Überanstrengungsphasen. Wenn gefühlt alle gleichzeitig etwas von dir wollen und du ohnedies schon emotional gestresst bist: Grenze dich gut ab! Sag Nein, sag Stopp! Bis hierher und nicht weiter! Vermutlich hättest du das schon viel früher tun sollen.

Du bist auch dann o. k., wenn nicht alle das von dir bekommen, was sie wollen. Übe dich weiterhin in Selbstfürsorge und Selbstliebe. Man kann es nicht oft genug sagen: Du bist gut, so wie du bist.

DU BIST ZU JEDER ZEIT DIE BESTE MAMA, DIE DU SEIN KANNST!

Emotionaler Mangelzustand

Emotional im Mangelzustand zu sein kann man sich etwa so vorstellen, wie wenn eine Pflanze verdorrt, weil sie zu wenig Licht, frische Luft und vor allem zu wenig Wasser bekommt. Du brauchst nicht nur körperliche und geistige Nahrung, sondern auch seelische. Als fühlende Wesen, deren Gesamtheit aus Körper, Geist und Psyche besteht, sind wir auf soziale Interaktion und genauer gesagt Zuwendung angewiesen.

Seelische Nahrungsquellen sind: Ansprache, Austausch, Anerkennung, Geborgenheit, Zuneigung, Liebe, respektvoller Umgang, Kuscheln, Körperkontakt, Verbundenheit, positive Glückserfahrungen, Freude, Sex …

Der Grund, warum es alten Leuten oft so schlecht geht, ist, dass sie im Altersheim oder allein in ihrer Wohnung keine oder kaum noch soziale Kontakte haben. Körperkontakt gibt es nur noch beim Physiotherapeuten, und Menschen, mit denen man sprechen könnte, nur noch beim Arzt. Auch manche junge Menschen zahlen dafür, etwa bei der Massage, überhaupt noch Körperkontakt zu bekommen, weil es niemand in ihrem Leben gibt, der sie berührt – weder körperlich noch seelisch. Ist das nicht erschreckend und furchtbar traurig?

»Der Mensch wird am Du zum Ich.«

MARTIN BUBER

Über Berührung kommunizieren Körper ganz ohne Worte. Eine halbe Stunde Kuscheln kommt bildlich gesprochen einmal Volltanken gleich. Auch wenn es beim mündlichen Kommunizieren mit deinem Partner oder deiner Partnerin gerade nicht so klappt, weil ganz rasch ein Streitgespräch daraus wird, empfiehlt es sich, bewusst mindestens eine halbe Stunde pro Tag Körperkontakt zu pflegen. Ihr müsst dabei nicht reden, könnt schlafen, lesen oder sogar fernsehen. Eure Körper erledigen das schon. Du wirst sehen, es macht etwas Gutes mit euch.

Auch Kinder brauchen selbstverständlich den Körperkontakt wie Luft zum Atmen. Wenn Kinder tagsüber schwierig sind und ihr überwiegend streitet (potenziell verstärkt bei Teenagern), kann es eine Möglichkeit sein, im Schlaf Körperkontakt herzustellen, der unbewusst wahrgenommen wird, und der die Nähe und Sicherheit transportiert, die tagsüber nicht gefühlt werden.

Das Gegenteil von Nährendem, also emotionale Killer, sind: Kränkungen, Abwertungen, Einsamkeit, Ignorieren, negative Gedankenspiralen, Schock und Trauma, Eifersucht, Zurückweisung, Minderwertigkeitsgefühl ... All diese Dinge bewirken, dass du emotional in einen Mangelzustand gerätst. Wie bei der Ernährung mit

Lebensmitteln geht es darum, die Balance zu halten. Selbstverständlich darfst du auch mal über die Stränge schlagen und ungesundes Zeug essen, entscheidend ist, dass du es auch wieder ausgleichst, um nicht in eine komplette Schieflage zu geraten. Ähnlich ist es emotional, es kann vieles gut laufen, dich gut nähren, und damit gelingt es, die Balance bei emotionalen Tiefschlägen zu halten.

Um dir deine ganz persönliche Balance zu erarbeiten, kannst du in einer Liste aufschreiben, was dich nährt und was gerade nicht. Zum Beispiel so:

Plus	Minus
Liebevolle Beziehung zu meinen Kindern	Stress mit meiner Mutter
Mein Mann steht voll hinter mir	Eifersüchtige Schwester
Regelmäßiger Körperkontakt gegeben	
Anerkennung im Job	

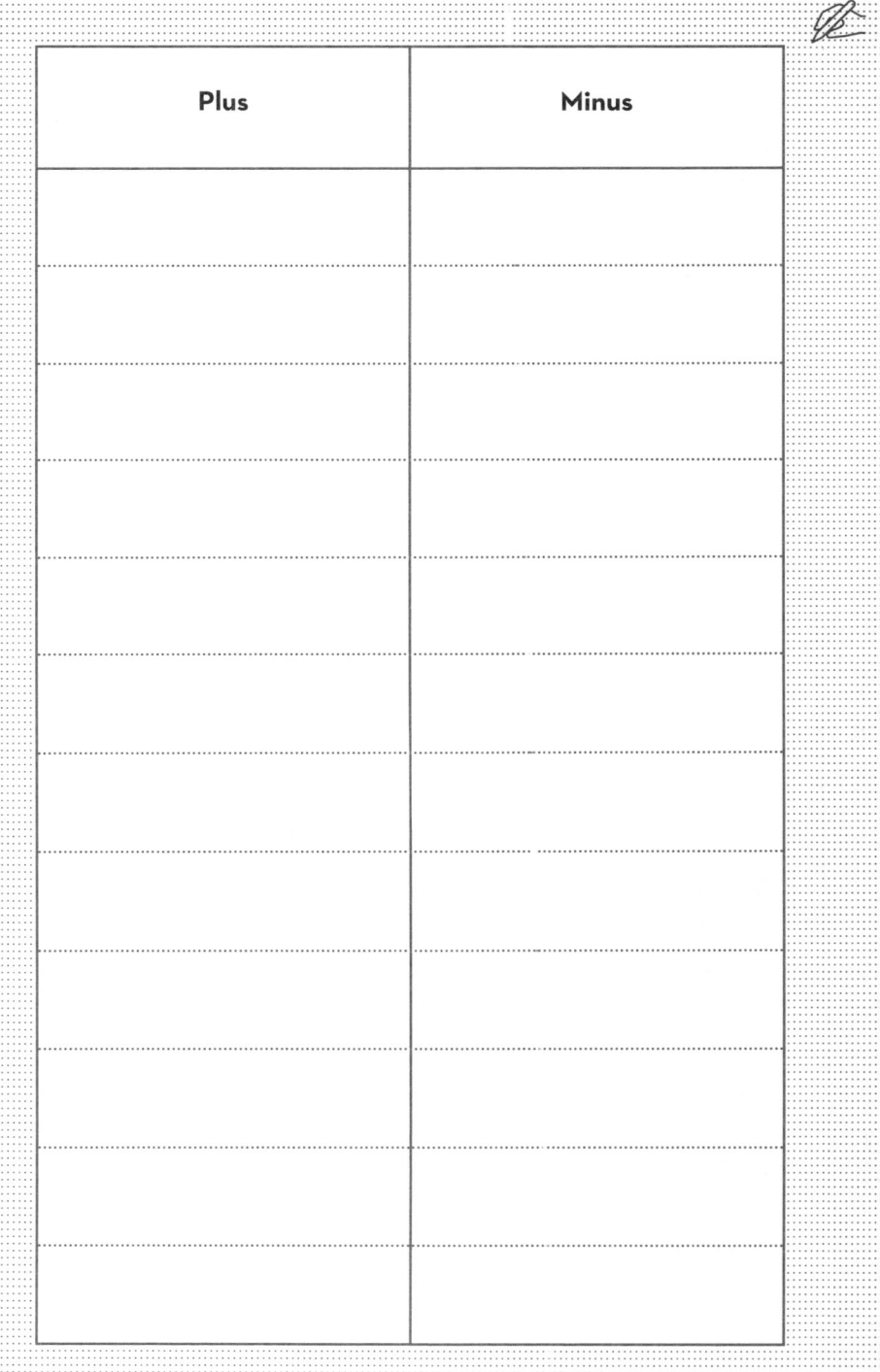

Plus	Minus

Wenn die emotionale Bilanz ins Minus ausfällt, hilft es manchmal, etwas Distanz zu den Minuskräften aufzubauen, um erstmal wieder durchatmen zu können und einen anderen Blick auf die Gesamtlage zu bekommen. Jetzt kommt es darauf an, um was es geht. Es gibt Themen, da ist professionelle Unterstützung empfehlenswert. Erfahrungsgemäß heilt die Zeit *nicht* alle Wunden. Auf der Seelenebene gibt es nämlich keine Zeit. Psychische Verwundungen werden oft verdrängt, um der Heftigkeit des Schmerzes zu entkommen. Man spricht auch von Abspaltung, wenn wir, bildlich gesprochen, Seelenanteile von uns in der traumatisierenden Situation zurücklassen. Um den Schmerz auszuhalten, entwickeln wir Überlebensstrategien wie hohe Betriebsamkeit, Außenorientierung, Suchtverhalten und Ähnliches, die es ermöglichen, weiterzumachen. Die gute Nachricht ist, dass es neben den traumatisierten und überlebensorientierten Persönlichkeitsanteilen auch noch gesunde Anteile gibt.

Das bedeutet, es gibt Wege, »wieder ganz zu werden«, ohne Spaltung. Und du hast es in der Hand, dich darum zu kümmern, und auch, dir Hilfe zu holen, wenn du nicht weißt, wie das funktionieren soll.

Was jedenfalls eine gute Idee ist: Sorge gut für deine emotionale Nahrung und sei dir selbst die hilfreiche große Schwester, die unterstützende Mutter, die nährende Freundin, die du brauchst! Leider klappt es nicht immer mit der eigenen Schwester, Mutter oder Freundin. Außerdem wäre es nicht gut, davon abhängig zu sein. Als zusätzliche Ressourcen sind sie jedoch herzlich willkommen.

Vielleicht hilft es dir, dir vorzustellen, was du tun würdest, wenn ein Kind zu dir käme mit denselben Zuständen oder Beschwerden, die dich gerade belasten. Vermutlich würdest du es erst mal in den Arm nehmen, ausweinen lassen, zuhören, Verständnis zeigen, Halt geben, da sein und, wenn es passt, Ideen einbringen, was jetzt helfen kann. Genau das kannst du für dich selbst machen!

Ein Platzhalter wie eine Puppe oder ein Kissen erleichtern das Umarmen deines »inneren Kindes«.

Mach dir bewusst: Du bist erwachsen und gehst jetzt deinen Weg auf deine Weise – unabhängig davon, wie deine Eltern mit dir umgegangen sind. Selbst wenn du bis heute Sehnsucht nach deren Liebe spürst, und auch, wenn es Verletzungen gab, erkenne an, dass es so war, statt es zu bekämpfen. Erst wenn du loslassen kannst, bekommst du die Hände frei, etwas Neues zu gestalten. Verzeihen, was war, kann auch sehr befreiend wirken. Ausgehend davon, dass jeder Mensch zu jeder Zeit das tut, was er für richtig hält, gelingt es dir vielleicht zu verzeihen, was dir Leid zugefügt hat. Letztendlich ist es deine Entscheidung, zu verzeihen. Du schadest nicht dem Verursacher des »Schadens«, indem du am Schmerz festhältst, sondern nur dir selbst.

Vorstellungen und Erwartungen und der neue Blickwinkel

Harmonie, Frieden und allgegenwärtige Liebe, davon träumen wir. Oh, wie schön wäre das! Doch das irdische Leben ist bunt und hat mehr zu bieten als nur Harmonie. Es fordert uns immer wieder heraus, mitunter brutal. Höhen und Tiefen, Licht und Schatten, Stagnation und Wachstum, wir leben in einer Welt von Polaritäten. Auch emotional.

Unsere Seele wünscht sich bedingungslose Liebe, ganz ohne Erwartungen, vorgefasste Pläne oder gar Projekte. Zu Beginn unserer Beziehung habe ich, Linda, in meiner von Erwartungen geprägten Vorstellung von Liebe meinen jetzigen Mann gefragt: »Woher weißt du eigentlich, dass du mich liebst?«, und er antwortete darauf: »Das

Wie gelingt es dir selbst, bedingungslos zu lieben?

Würdest du auch dann noch lieben, wenn dein Mann dich mit einer anderen betrügt? Ist Monogamie nicht auch eine Form von Bedingung?

Liebtest du dein Kind auch dann noch, wenn es zum Verbrecher würde oder zum Junkie?

weiß ich nicht, ich fühle es.« Das hat mich sehr beeindruckt. Er hat so recht, Liebe ist ein Gefühl, kein Konzept oder ein Erfüllen von Vorstellungen oder Erwartungen.

Komplett bedingungslose Liebe scheint etwas für Erleuchtete zu sein. Unsere Moralvorstellungen, ethische Konzepte, die mit Bewertungen einhergehen, prägen die meisten Menschen. Sich davon zu lösen, bedarf eines neuen Blickwinkels, der jeden Menschen in seinem Sein akzeptiert; Verständnis für Verhaltensweisen, die dir selbst fremd sind. Toleranz, könnte man auch sagen.

»Wahre Liebe lässt frei.«

ROBERT BETZ

Tiere und Kinder lieben bedingungslos, Kinder zumindest, solange sie erwartungsfrei sind. Im Kindergarten geht's allerdings schon los mit: »Du bist nicht mehr meine Freundin, wenn du nicht ...«

Das Konzept zieht sich durch die Gesellschaft. Und es ist ja o. k., dass du deine Vorstellungen und Werte hast. Mach dir einfach nur bewusst, dass es so ist. Und mach dir weiter bewusst, wie schwierig es sein kann, einerseits dich selbst davon zu lösen, und andererseits, wenn dir das gelingt, mit deiner neuen, toleranteren Haltung anderen Menschen mit deren »Konzepten« gegenüberzutreten, die das nicht verstehen.

Wir alle haben das Grundbedürfnis, für die Menschen, die uns wichtig sind, wertvoll zu sein. Wenn wir erleben, dass uns das nicht gelingt, werden wir aggressiv, und geben ganz gerne den anderen die Schuld dafür. Das entspricht der Situation, dass jemand deine

Erwartung nicht erfüllt und du dich dann schlecht fühlst, sauer wirst und anfängst zu schimpfen.

Wie es gelingt, Glaubenssätze zu hinterfragen, die in deine Erwartungen und Vorstellungen auf emotionaler Ebene hineinwirken, und sie möglichweise zu ändern, haben wir weiter vorne in Schritt 4 beschrieben. Du könntest ab heute, wenn dir auffällt, welchen für dich überholten oder gar schädlichen Glaubenssätzen du anhängst, neue Gedanken finden und dich dazu entscheiden, daran zu glauben. Deine Handlungen werden folgen.

Leiden entsteht unter anderem aus den unerfüllten Erwartungen und enttäuschten Vorstellungen, wie jemand mit dir umzugehen hätte, wenn er dich wirklich liebte; was er dir auf keinen Fall antun würde und so weiter. Das heißt natürlich nicht, dass du dir alles gefallen lassen musst, weil es doch *deine* Erwartungen waren. Niemand darf dich einfach kränken, ohne zumindest Bekanntschaft mit deiner Grenze gemacht zu haben.

DIE ART, WIE DICH JEMAND BEHANDELT, SAGT AUS, WAS FÜR EIN MENSCH ER IST, UND NICHT, WAS FÜR EIN MENSCH DU BIST.

Wie ist das nun mit deinem Kind?

Im Gehorsamskult, den die Generationen vor uns gelebt haben und dessen Einflüssen wir bis heute unterliegen, war es ganz klar, dass ein Kind zu folgen hatte. Es hatte zu tun, was die Erwachsenen verlangten. Andernfalls folgte Strafe, auch Liebesentzug. Diese Haltung ist weit entfernt von der bedingungslosen Liebe, auch von einer gleichwürdigen Beziehung, und schwächt die Bindung zwischen Eltern und Kind. Du willst deinem Kind etwas anderes mitgeben, willst es liebevoll begleiten und sein Selbstbewusstsein stärken und trotzdem wappnen für die Welt voll Konventionen. Davon gehen wir jedenfalls aus, wenn du dieses Buch liest. Dann sei dir bewusst, dass die Botschaften: »Ich liebe dich«, »Du bist gut so, wie du bist«, »Wie schön, dass es dich gibt« die zentrale Message bleiben können, auch wenn dein Kind nicht alles machen darf und auch nicht alles bekommt, was es will. Es ist möglich, beides zu vermitteln. Dafür braucht es vor allem klare und starke Eltern. Deshalb hier noch ein Impuls in diese Richtung:

Wenn wir verliebt sind, fühlen wir uns großartig, oder? In den Zustand des Verliebtseins könnte man sich glatt verlieben, so toll ist er. Doch um es zugespitzt zu formulieren: Beim Verliebtsein geht es in der Regel gar nicht um die Person, in die du glaubst, verliebt zu sein. Eigentlich bist du verliebt in die Version von dir selbst, zu der du in ihrer Gegenwart wirst.

Wie ist die? Wenn im Zustand der Verliebtheit Seiten von dir zutage treten, die du sonst nicht so hervorkehrst, so bedeutet es dennoch, dass sie grundsätzlich da sind – auch wenn du gerade nicht himmelhochjauchzend verliebt bist! Diese Ressource steckt also in dir, sie ist immer da. Du brauchst nur hinzusehen und hinzuspüren. Wenn du dich also danach sehnst, das Gefühl der Verliebtheit (wieder) zu erlangen, verliebe dich erstmal in dich selbst. Sei die Version von dir, die du vermisst. Mit großer Wahrscheinlichkeit wird sich deine Wirkung auf andere verändern. Diese Liebe zu dir selbst sollte dazu führen, dass du dich stark fühlst, weil du ja jetzt ganz bei dir stehst. Sie wird also mit gestärkter Widerstandskraft einhergehen.

> *»Liebe ist nicht das, was man*
> *erwartet zu bekommen,*
> *sondern das, was man bereit ist*
> *zu geben.«*

KATHARINE HEPBURN

Danielas Erkenntnisse für den Mama-Alltag

Ich brauche Hilfe, wenn ich die Zeit mit den Kindern nicht so nutzen kann, wie ich gern möchte. Meine eigene Überlastung ist es meist, die meinen Blickwinkel und meine Handlungen einschränkt und die Freiräume, die wir als Familie brauchen, nicht ermöglicht. Die »Hilfe« ist schwer zu definieren und reicht von »ich gehe eine Stunde allein spazieren« bis zu »ich fahre vier Tage nach Berlin«. Dazwischen sind der Papa, die Oma und Freunde und Nachbarn gefordert, denn es ist das sprichwörtliche Dorf, das es braucht, um Kinder großzuziehen.

Die Hilfe beziehungsweise deren Auswirkung wirkt nicht allein dadurch, mich selbst zu entlasten – es ist ein feines Werk an Zusammenspielern, welches das Familienleben am Laufen erhält. Das macht es nicht nur schwer, den »Fehler« zu finden, wenn es mal unrund wird, sondern oft noch herausfordernder, die Wege zu einer möglichen gemeinsamen Lösung zu erkennen. Dabei helfen mir die Gespräche mit Linda, die es mir auch ermöglichen, neue Impulse im Dialog mit meinem Mann zu setzen oder einfach mal den Blickwinkel zu ändern und meinen Standpunkt zu verlassen. Diese Gespräche lassen mich meinen Fokus wieder neu finden und definieren und helfen mir, mich zu erden. »Sei so liebevoll, vorsorglich und umsichtig mit dir, wie du es mit deinen Kindern bist.« Das ist ein Satz, den Linda mir vor Jahren mitgegeben hat, und der mich laufend begleitet.

Geschwisterstreit und eigene Erwartungen

Geschwisterstreit und Alltagskonflikte empfinde ich als sehr belastend, vor allem, wenn wir gerade eine anstrengende Phase durchleben. In solchen Lebensabschnitten sind »kleine Auseinandersetzungen« und Diskussionen um Spielzeug und »wer hat wie viel wovon bekommen« immens zehrend.

Die eigene Haltung wird dann von alten Mustern gesteuert und meine Erwartungen drängen sich in den Vordergrund. »Um so was kann man doch nicht streiten!« höre ich mich laut denken ... ein anerzogener Satz aus meiner eigenen Kindheit. Im Folgenden beschreibe ich, wie es anders gehen kann und wie ich es schaffe, damit umzugehen, wenn ich bei mir und ruhig bin.

Enorm bereichernd finde ich es, die Kinder mit einzubeziehen und ihnen ein Mitspracherecht zuzugestehen. Das muss man allerdings abwägen, denn je nach Alter und Thema ist es natürlich nicht immer möglich, die Vorschläge der Kinder umzusetzen. Eine Meinung sollen sie aber abgeben können. Gerade in Streit- und Konfliktsituationen mit anderen Kindern ist es mit Hilfe der kindlichen Kreativität gut möglich, eine unkonventionelle, aber für alle passende Lösung zu finden.

Hier ein schönes Beispiel aus unserem Alltag: Wir haben Besuch von Freunden, die Kinder kennen sich gut und sind etwa im selben Alter. Sie spielen ein Rollenspiel mit Verkleidung und wollen ein Theaterstück üben und uns dann vorspielen. Es sind zwei

Mädchen, die sich die Rollen aufteilen, und sie bauen gemeinsam die »Bühne« aus Kletter- und Spielgeräten auf. Plötzlich will jede der beiden die Erste sein, die oben auf dem Turm sitzt und mit der Rolle beginnt. Sie diskutieren, schreien, zerren, weinen. Nach einigen Augenblicken bin ich aufgestanden und dazugekommen. Ich habe sie gefragt, ob ich helfen könne. Darauf wurde das Geschrei nur noch lauter und die Gesichter zorniger. Ich habe wieder ein paar Augenblicke gewartet und dann meine Große gefragt, was sie als Lösung vorschlagen würde. Sie sagte nichts. Sah mich an und dachte nach. Ich fragte auch ihre Freundin, die ebenfalls aufhörte zu weinen und sich sichtlich Gedanken machte. Meine Tochter sagte dann: »Vielleicht können wir gemeinsam oben sitzen und ich steige zuerst wieder runter und beginne dann mit dem Theater?« Wir haben die Freundin angeschaut, und sie nickte schluchzend und sagte dann: »Und ich fange mit dem Sprechen an!«

Ich blieb neben dem Turm stehen, solange sie beide oben saßen, nur zur Sicherheit, aber sie waren so zufrieden mit der neuen Lösung, dass sie ganz vorsichtig und mit viel Rücksicht auf die jeweils andere ruhig sitzen blieben. Ja, es ist einfach ein schönes Gefühl, die Lösung selbst gefunden zu haben, und es macht zufrieden.

Eine andere und wahrscheinlich schnellere Reaktion meinerseits wäre gewesen, ich »schlichte« den Streit, räume den Turm weg und »überrede« sie, eine andere Bühne zu suchen. Mit Macht und lauter Stimme hätte ich es bestimmt durchsetzen können, aber das Gefühl, das nach so einer übergestülpten Zwangslösung bleibt, kennen wir alle: Es macht nicht nur nicht zufrieden, es ist schal, fad, nicht kreativ und meist sogar traurig.

Ich vermute, der Streit ging relativ rasch zu Ende, weil es sich nicht um Geschwister handelte, wovon eines der Kinder älter (und schlauer) ist: Das macht es sehr viel schwerer und ich schaffe es nicht immer, so zu reagieren, dass sich beide Schwestern gehört und gerecht behandelt fühlen. Mich überhaupt nicht in Geschwisterkonflikte einzumischen, finde ich nicht umsetzbar, weil die körperliche und intellektuelle oder sprachl che Überlegenheit der Größeren oft dazu führt, dass die Kleine sich massiv und grob zur Wehr setzen muss, weil sie keinen anderen Ausweg für sich sieht. Oft trennen sie sich während der Uneinigkeiten örtlich, eine rennt ins Kinderzimmer oder in den Garten. Der gewonnene Raum hilft ihnen dann fast immer. Das gibt mir Zeit, mich kurz zu sammeln, durchzuatmen und dann bereit zu sein, wenn sie von sich aus kommen, die Situation schildern wollen und Beistand und Begleitung einfordern. Und den Kindern hilft der Abstand zum Durchatmen.

»Hilf mir, es selbst zu tun« – dieser Ansatz von Maria Montessori gilt nicht nur für Tätigkeiten des Alltags, sondern ganz besonders auch für den Umgang mit Konflikten und Situationen, die große Gefühlsausbrüche mit sich bringen. Je nach Persönlichkeit gehen Kinder schon völlig unterschiedlich mit herausfordernden Momenten um, und während die einen Zuwendung und Ansprache oder einen »Blitzableiter« brauchen, wollen andere allein sein, weinen, trauern und erst nach einiger Zeit wieder in Gesellschaft sein. Auf Konflikte so individuell einzugehen und sie offen und ruhig zu begleiten, auch wenn es länger dauert, gelingt mir aber nur, wenn ich »bei mir« bin.

Was ich brauche, um ruhig zu bleiben

Es ist nicht immer das Gleiche, das so für meine innere Balance sorgt, dass ich ruhig bleiben kann. Manchmal hängt es von der Jahreszeit oder sogar von der Tageszeit ab.

Ich habe mir in den letzten sieben Jahren unterschiedliche Strategien zurechtgelegt, die es mir ermöglichen, auf mich beziehungsweise meine innere Stimme zu hören. Dabei gibt es Phasen, in denen es mir wahnsinnig schwerfällt, diese Stimme überhaupt wahrzunehmen: Wenn äußere Faktoren, Stress und Sorgen die Sinne trüben, dann ist es für mich richtig schwierig. Ich versuche das mit größtmöglicher Selbstfürsorge zu kompensieren und, wann immer es umsetzbar ist, eine »Insel« zu finden und diese auch zu nutzen.

Meine »Inseln« in den Wogen des Alltags sind:

- Morgens 20 Minuten früher aufstehen, um die Ruhe des frühen Tages für mich zu haben.
- Sport – am besten täglich eine kleine Einheit zwischendurch.
- Nährendes Essen – möglichst kein Fastfood, wenig Süßes.
- Viel frische Luft – ich lege die Wege zur Schule, zum Kindergarten und zum Einkaufen zu Fuß oder mit dem Rad zurück.
- Wellbeing-Einheiten: Shiatsu, Massagen, Craniosacral-Balance und nicht zuletzt Coaching-Einheiten bei Linda.
- Weniger Online-Zeit am Wochenende.
- Arbeitszeiten konkreter von der Freizeit trennen.
- Achtsamkeitsübungen in den Alltag einbauen.

Was passiert, wenn ich mich selbst überhöre

Einmal, als ich mittags auf die Große wartete und das Essen zubereitete, machte ich mir schon innerlich einen Plan für den Nachmittag. Wir wollten nach den Hausaufgaben zusammen die kleine Schwester aus dem Kindergarten holen und auf dem Weg zum Supermarkt noch einen Zwischenstopp am Spielplatz einlegen.

Ich warte mittags oft auf meine Tochter, sie hat einen kurzen Schulweg, den die gut allein bewältigen kann, und sie kommt immer kurz vor zwölf. An diesem Tag dauerte es länger, und das Essen stand schon seit zehn Minuten bereit. Als ich losgehen und sie suchen wollte, klingelte es. Sie stand vor der Tür, hatte verweinte Augen und war sichtlich in keiner guten Verfassung. Sie knallte die Schultasche in die Ecke und warf sich aufs Bett. Ich habe fünf Minuten gewartet, an die Tür geklopft und mich zu ihr gesetzt. Sie wimmerte und weinte immer noch. Von Appetit war bei ihr natürlich nichts zu merken, und so saßen wir weitere lange Minuten auf dem Bett. Ich hatte den Vormittag zum Arbeiten genutzt und war unglaublich hungrig. Deshalb habe ich mich dann an den Tisch gesetzt und gegessen. Das machte sie noch wütender, und langsam sah ich den Nachmittagsplan schwinden. Ich habe mich von meinen Gefühlen treiben lassen und irgendwann die Nerven verloren und ihr gesagt, sie solle doch endlich aufhören zu heulen, sich hinsetzen und essen.

Und?

Natürlich hat es nicht das gewünschte Ergebnis gebracht, sondern das Gegenteil. So läuft es, wenn ich meine eigenen Bedürfnisse hintenanstelle, die Signale meines Körpers übergehe und irgendwann den eigenen Endpunkt erreiche, um beispielsweise meine Arbeitszeit voll auszunutzen. Ich habe zwar gegessen, aber das körperliche Sättigungsgefühl konnte die Stimmung nicht retten, dazu hätte es mehr gebraucht. In solchen Situationen fehlt mir dann die Kraft, Prozesse wie diese Krise meiner Tochter zu begleiten.

Hinterher ist es für mich wichtig, nicht in Zorn und Ärger aufzugehen und mich von der schlechten Stimmung mitreißen zu lassen, sondern damit abzuschließen. Das ist ein Teil meiner Vorbildwirkung: So gehe ich mit Ärger und Zorn um. Ich schaffe es dann auch wieder, davon Abstand zu nehmen. Dabei ist frische Luft übrigens mein »Geheimrezept«: Meist reicht ein kurzer Weg oder eine kurze Runde um den Block.

Gut genug

»Du bist gut genug« ist ein Satz, den wir uns wirklich richtig gut merken und immer und immer wieder vorsagen sollten! Genug Mutter, genug Zuhörerin, genug Begleiterin, Beschützerin, Helferin, Unterstützerin, Händchenhalterin, Seelenstreichlerin. *Genug da.*

»In Selbstliebe steckt viel beruhigende Kraft«, sagt Linda. Auch diesen wunderbaren Satz nehme ich mir nun mit und vereine ihn mit meinem neuen Glaubenssatz: *Ich darf helfen und Hilfe annehmen.*

Es fühlt sich fast an wie ein Abenteuer, auf das ich mich bewusst einlasse: In mich zu gehen und nachzudenken, welche »Regel« mich einerseits ausmacht, und andererseits blockiert. Der Weg dahin, diesen Glaubenssatz herauszufiltern, ist mitten im Trubel des Alltags für mich nicht einfach, denn da geht es häufig darum, zu funktionieren und nach »Schema F« alles erledigt zu bekommen.

Also habe ich mir einen Nachmittag freigenommen, den Ort gewechselt, mich mit Kaffee und Kuchen versorgt, und habe nachgedacht. Und dann war es so klar, welcher Satz in großen Lettern vor mir steht und mich in meiner Weite beschränkt. Es ist mein alter Glaubenssatz: *Wenn ich nicht alles selber mache, wird es nicht gut erledigt.*

Im Rahmen des Coachings wurde dieser Satz von allen Seiten beleuchtet und hinterfragt und es war auf einmal richtig klar, dass ich mich da selbst mit Lasten belegt hatte. Der Prozess war heilsam und erleichternd, wenn auch recht anstrengend und ich war am Ende echt froh, eine neue Richtung einschlagen zu können. Besonders das »Konkretisieren« und Formulieren des Satzes fand ich sehr schwierig: Dabei war es notwendig, tief in mich zu gehen, und alte Muster anzuerkennen. Mein alter Glaubenssatz kommt aus meiner Kindheit –

Die
besten Dinge
im Leben
sind
keine Dinge

ich musste immer und immer wieder beweisen, dass ich es allein kann. Das Thema, das ich hinter meinem alten Glaubenssatz gefunden habe, ist: Schwäche zugestehen, nicht nur Stärke zählt.

Dahinter steht mein Schmerz über etwas, was mir nicht gegeben wurde: Hilfe und Unterstützung, die ich als das älteste von vier Kindern dringend gebraucht hätte. In mir löst es Nüchternheit aus und ich reagiere fast emotionslos in Situationen, in denen ich Hilfe gebrauchen könnte. Ich habe teilweise Angst davor, als (hilfs)bedürftig wahrgenommen zu werden.

Meine eigene Conclusio eines sehr anstrengenden, aufwühlenden und extrem persönlichen Prozesses ist: Ich fühle mich als fast vollständige Persönlichkeit, die aber einen wesentlichen Baustein vermisst: Schwäche und Hilfsbedürftigkeit anzuerkennen und als eigenes Merkmal nicht zu bewerten.

Der neue Satz fühlte sich sofort gut und wertvoll an und stellt einen Wegweiser dar, dem ich folgen will. Mein neuer Glaubenssatz lautet: *Ich darf helfen und Hilfe annehmen.* Ich darf meine bedürftige Seite zeigen. Ich darf meine »schwachen« Seiten als Teil meines gesamten Seins anerkennen.

Mit der weiter vorne, bei Schritt 4, geschilderten Armband-Übung versuche ich mich aktiv zu trainieren, auf meine Grenzen zu achten und gut zu mir zu sein: Ich trage ein Armbändchen aus Garn am rechten Handgelenk. Immer, wenn ich mich selbst »vergesse«, wenn ich nicht so rücksichtsvoll und liebevoll zu mir selbst bin, wie ich gern sein möchte, dann wechselt es die Seite. Mein Ziel ist es, das Bändchen 21 Tage an derselben Hand zu tragen. Inzwischen bin ich bei Tag 7.

Am Kind wachsen

Wenn die Überforderung überzuschwappen und »gefährlich« zu werden droht, dann versuche ich, die Chance wahrzunehmen, die mir gerade geboten wird. Ich möchte an dem wachsen, was mir das Kind anbietet. Die Herausforderung in Form von zwischenmenschlichen Momenten und immer neuen Ausformungen von Alltagssituationen möchte ich gern annehmen.

Wir wollen es versuchen, zusammen zu wachsen und gemeinsam zu spüren und zu lernen, wo wir sind, wer wir sind, was wir zusammen sind, wo wir Raum brauchen und was uns ausmacht. Wo die Familie ihre Grenze definieren darf und wo das einzelne Mitglied seinen Platz finden kann. Erfahrungsgemäß ändert sich das laufend, und mit jedem Entwicklungsschritt haben wir eine weitere Stufe gemeinsam erklommen. Dazwischen gibt es auch Rückschritte und Fehltritte, die wir anerkennen und miteinander verarbeiten. Dann versuchen wir es nochmals, um gestärkt und mit neuem Mut wieder anzutreten.

Cool mums don't judge

Ich sehe mich selbst inmitten einer »Bubble« von sehr engagierten und ambitionierten Mamas, mehr noch: Ich trage aktiv dazu bei. Die schnellen und überbelichteten sozialen Netzwerke, die so viel mehr sind als Kommunikations- und Newsplattformen, stellen das »Genug« leider häufig in den Schatten. Wir vergleichen und interpretieren, wollen die Kleidung, die andere tragen, die Wohnung und das Leben der anderen. Ich persönlich finde den Austausch und die Inspiration, die ich auf Instagram & Co. geben und bekommen kann, sehr bereichernd, aber werde nicht müde zu betonen, dass es eben nur ein minimaler Ausschnitt dessen ist, was uns täglich mit voller Wucht entgegenkommt: das Leben! Das Leben ist nämlich schon voll genug von Eindrücken und Inputs. Dabei gilt es den Weg zu finden, der der eigene ist, statt einem Ideal hinterherzuhecheln und dabei das echte Leben zu übersehen.

Das echte Leben ist es, das den Tag maßgeblich beeinflusst.

Statt über andere Mütter zu urteilen, die sich gerade abmühen, das schreiende Kind und die eigenen Anforderungen unter einen Hut zu bekommen, ist es heilsam, einfach mitfühlend zu nicken oder leicht zu lächeln. Auch ein leises »Ich kenne das« kann hilfreich sein.

Gefühlschaos: Wie schaffe ich es, ruhig zu bleiben?

Das, was zu brodeln und zu kochen beginnt, wenn ich mich aufrege, ärgere oder in die Enge getrieben fühle, ist das Chaos der Gefühle und Emotionen. Da werden die Erinnerungen an bereits durchlebte, unangenehme Situationen wach und es reagiert nicht nur die Psyche. Der ganze Körper zeigt deutliche Reaktionen!

Leider habe ich es als Kind nicht gelernt, diese großen Emotionen zu benennen, anzuerkennen, zu durchleben und sie anschließend ziehen zu lassen. Mir wurde das allerdings erst so richtig bewusst, als ich selbst Kinder bekommen habe, die mich immer und immer wieder vor die Möglichkeit stellen, meine Gefühle zu spüren, sie mit dem ganzen Wesen zu erleben oder sie zu negieren.

»Schrei nicht so!«, »Stell dich nicht so an!«, hallt es in meinem Kopf, denn so habe ich es gelernt. Inzwischen ist meine Strategie eine andere und ich versuche mich, so gut es geht, an sie zu halten: Wenn ich merke, wie die Wut oder der Ärger sich ausbreiten wollen und drohen, mich komplett einzunehmen, verlasse ich so schnell wie möglich den Raum. Manchmal hilft schon eine Wand, hinter die ich treten kann, oder ich mache ein paar Schritte rückwärts. Dann heißt es Atem fließen lassen und den Kopf wieder zu klären. *Atmen, atmen.*

Wenn ich es so schaffe, rechtzeitig so für einige Augenblicke zu sorgen, die ich benötige, um mich wieder im Griff zu haben, dann benutze ich nicht die Kinder als Ventil, indem ich sie anbrülle.

»Ich bin gerade so unglaublich wütend, ich kann jetzt nicht zuhören.« »Ich war so zornig und musste kurz rausgehen. Jetzt kann ich mir anhören, was du dazu zu sagen hast.« Mit diesen Botschaften versuche ich, die Kinder daran teilhaben zu lassen, was ich fühle und wie es mir gerade geht.

Meine Kinder übernehmen das teilweise. Wenn sie nach einem Streit oder nach einer aufregenden Situation wieder gefasster sind, erzählen sie, wie sie es gespürt haben: »Die Wut war richtig rot und groß!«, so hat meine jüngere Tochter es beschrieben. Das macht mich unglaublich stolz, denn die eigenen Gefühle sind einfach da und machen uns zu dem Menschen, der wir sind.

Wie schaffe ich es denn, meinen Kindern etwas anderes mitzugeben als das, was ich über die Gefühle gelernt habe? Die Vorbildwirkung in jeder Hinsicht ist die Antwort, die ich einerseits in Büchern gelesen habe und andererseits von Linda bestätigt bekomme. Wenn man diese Tatsache als gegeben annimmt, ist es fast schon wie eine eigene Lehreinheit, die man kostenlos dazu bekommt! Die Kinder orientieren sich zu 100 Prozent an dem, wie die Menschen, die ihnen nahe sind, mit Konflikten und fordernden Situationen umgehen und die eigenen Emotionen leben. Ich spüre aber auch deutlich, was es mit mir selbst macht. Als jemand, der die Gefühle nicht laut hinausposaunt, bin ich immer wieder überrascht, was zurückkommt.

»Ich liebe dich, weil du so bist, wie du bist« – diesen wunderbaren Satz habe ich mir von André Stern geliehen, und ich werde den Abend, an dem ich ihn zu meiner Großen erstmals gesagt habe, nie vergessen. Wir hatten einen durchwachsenen Tag mit vielen Missverständnissen und Reibereien, auch die Abendroutine wollte sich nicht einstellen. Als dann endlich alle im Bett lagen und ich schon komplett erschöpft war, stand ich noch einmal auf, ging zu ihr ans Bett und flüsterte: »Ich liebe dich, weil du so bist, wie du bist.« – Sie, damals sechs Jahre alt, richtete sich nochmal auf, sah mich an, lächelte und umarmte mich. Es war wie ein Band, das weich und eng um uns lag und uns trotz eines anstrengenden Tages sicher sein ließ, dass alles gut ist.

Es ist ein wunderbarer Moment, wenn sich das Gewirr aus Gefühlen löst, seine Zugkraft verliert und wie ein zartes Band einfach nach unten zu fallen scheint.

SCHRITT 5

Begegne deiner Ohnmacht

Gefühlte Ohnmacht, also der Zustand, keinen Einfluss zu haben auf das, was passiert, wird auffallend oft als Ursache für Schimpfen genannt. Manche sprechen von Hilflosigkeit oder auch von Kontrollverlust. Hier eine Situation, die Daniela sehr belastet hat:

»Es begann damit, dass ich meine Tochter daran erinnerte, noch auf die Toilette zu gehen, bevor wir das Haus verlassen würden. Sie wollte offensichtlich nicht und ging auch nicht. Dann war es unterwegs so dringend, dass wir ganz schnell irgendwo hineinlaufen mussten, um es noch rechtzeitig auf die Toilette zu schaffen.

Ähnlich ging es daraufhin abends: Sie weigerte sich, vor dem Schlafengehen nochmal auf die Toilette zu gehen, mit dem Effekt, dass sie nachts zwar wach wurde, aber eben zu spät. Nach einigen durchwachsenen und nassen Nächten verlor ich die Geduld, weil es ja immerhin weit über zwei Jahre schon gut geklappt hatte: Seit sie mit zweieinhalb Jahren die Windel nicht mehr wollte, hatte es kaum einen »Unfall« mehr gegeben.

Alles Diskutieren und Drängen, Bitten und Erklären half nichts: Sie wollte dann aus Prinzip nicht mehr auf die Toilette gehen. Sie ging immer wieder mal freiwillig – also wenn sie sich unbeobachtet fühlte –, aber nie dann, wenn ich es wollte. Das machte mich wahnsinnig!« *(Daniela)*

Wir wollten uns der gefühlten Ohnmacht ausführlicher widmen und befragten dazu einige Psychotherapeuten verschiedener therapeutischer Richtungen. Ihre Antworten haben wir in dieses Kapitel einfließen lassen. Was uns interessierte, waren folgende Fragen:

- Was macht das Gefühl der Ohnmacht so unangenehm?
- Woran liegen die teils recht heftigen Reaktionen auf Ohnmachtsgefühle?
- Was hilft lang- und auch kurzfristig in der Konfliktsituation mit dem Kind?
- Woher kommt der weitverbreitete Kontrollwunsch?
- Wie kann man dem am besten entgegenwirken, um sich mehr zu entspannen?

Die wichtigste Ressource für deine Mutterschaft bist du selbst

Klinisch-psychologische Sicht

Isabel Huttarsch, Psychologin, M. Sc. Klinische Psychologie und Psychotherapie, Mutter von 2 Kindern und Betreiberin des Blogs www.mama psychologie.de.

Das zutiefst unangenehme Ohnmachtsgefühl kommt selten allein. Meist geht es Hand in Hand mit unserer Wut. In ihrer Entstehung verhalten sich Wut und Ohnmacht zueinander wie Henne und Ei – beide gehören irgendwie zusammen, aber es ist unklar, wer ursprünglich zuerst da war. Im Alltag bedingen sich Wut und Ohnmacht oft gegenseitig. Betrachten wir die Wut einmal aus der Perspektive der Motivationspsychologie, wird schnell klar, warum sie und das begleitende Gefühl der Ohnmacht für uns kaum auszuhalten sind. Wut entsteht immer dann, wenn unsere eigenen Bedürfnisse, Vorstellungen, Werte und Ideale durch eine andere Person oder einen Umstand missachtet oder bloßgestellt werden. Es ist die ureigene Aufgabe der Wut, uns ins Handeln zu bringen, um all das zu schützen. Stellen wir in einer Situation mit unseren Kindern fest, dass uns das mit unseren zur Verfügung stehenden Handlungsoptionen nicht gelingt, macht sich das alarmierende Gefühl der Ohnmacht breit. Wir wägen uns in Gefahr.

Unser Gehirn aktiviert den Notfall-Modus. Frontale Hirnareale, die uns rationales Denken und kognitive Kontrolle ermöglichen, sind in diesem Zustand nur noch bedingt zugänglich. Die alten Hirnstrukturen, allen voran das limbische System, übernehmen das Ruder mit dem einen Ziel: Überleben sichern. Die Folge: Uns bleiben nur die Reaktionen Kampf, Flucht und Totstellen. Üblicherweise entscheiden wir uns hierbei für das, was in unserem Hirn am zugänglichsten ist, da wir es selbst als Kinder erfahren haben. Meist ist das der Kampf. Und so schreien und wüten wir vor unserem Kind, als ginge es um unser Leben.

Die Belastungsschwelle, ab der unser Gehirn den Notfall-Modus aktiviert, ist individuell unterschiedlich, ebenso wie unser aktueller Belastungsgrad. Dieser wird in Konfliktsituationen mit unseren Kindern vor allem durch drei Größen strapaziert: unsere *eigenen Ängste*, unsere *eigenen (unerfüllten) Bedürfnisse* sowie unser *eigenes inneres Kind*.

Möchten wir langfristig unsere oftmals heftigen Reaktionen gegenüber unseren Kindern verändern, können wir an genau diesen drei Stellschrauben ansetzen. Das erfordert neben unserem *Mut* vor allem den *achtsamen Umgang mit uns selbst*. Je besser wir unsere eigenen Ängste kennenlernen, desto leichter wird es, ihnen zu entsagen. Je deutlicher wir spüren, welche unserer Grundbedürfnisse gerade unbefriedigt sind, desto leichter können wir für uns sorgen und uns das geben, was wir brauchen. Nehmen wir uns und unsere eigenen Bedürfnisse ernst, können wir unsere Alltagsbelastung deutlich senken, und somit das Risiko für einen »neuronalen Notfall«. Achtsamkeit kann uns auch dabei helfen, die Konflikte mit unseren Kindern einmal genau unter die Lupe zu nehmen. In welchen Situationen treten gehäuft Konflikte auf? Was passiert dabei in mir? Und was in meinem Kind? Durch diese *wertfreie Analyse aus der Beobachterperspektive* erhalten wir wertvolle Hinweise auf mögliche Triggerreize, die uns jedes Mal aufs Neue zielsicher in den Notfall-Modus katapultieren. Zwischen diesen Reizen und unserer automatischen Reaktion liegt nur der Bruchteil einer Sekunde. Durch das frühzeitige *Erkennen derartiger Trigger* maximieren wir folglich die Wahrscheinlichkeit, diesen wesentlichen Moment abzupassen.

Dadurch erhalten wir die einmalige *Chance, eine bewusste Handlung zu implementieren,* die uns davor bewahrt, im Autopilot-Modus einfach loszuwüten. Ein bewusster Atemzug, ein eigens formuliertes Mantra oder die Ausführung einer bestimmten, vorab eingeübten Bewegung kann uns dann dabei helfen, emotionalen Abstand zur Situation zu gewinnen, sodass wir denk- und handlungsfähig bleiben.

Nicht selten liegt der Ursprung unserer konfliktbezogenen Ängste und Trigger in unserer eigenen Kindheit. Das innere Kind als Ort aller prägenden Kindheitserfahrungen fühlt sich im Miteinander mit unseren eigenen Kindern vor allem dann angesprochen, wenn unsere Kinder ein Verhalten zeigen, für das wir selbst gemaßregelt wurden oder welches wir verleugnen mussten, um angenommen zu werden. In der Folge wittert unser Gehirn existenzielle Bedrohung und der Notfall-Modus wird einmal mehr eingeläutet.

Möchten wir ernsthaft unser Verhalten gegenüber unseren Kindern zum Positiven verändern, werden wir nicht umhinkommen, auch unserem inneren Kind unsere Zeit sowie eine aufrichtige Umarmung zu schenken. Es braucht uns genauso wie die Kinder an unserer Hand.

Im Prinzip ist der elterliche Kontrollwunsch nichts anderes als ein Ausdruck des evolutionären Selbsterhaltungstriebes. Es liegt in der Natur von uns Menschen, kontrollieren zu wollen. Wir Eltern sind von Natur aus dazu angehalten, immer wieder aufs Neue sicherzustellen, die Zügel in den Händen zu halten und damit maximal viel dafür tun zu können, unsere Nachkommen zu schützen. Dadurch wird unsere Art erhalten. Was dazu beiträgt, dass die in uns angelegte Neigung zur Kontrolle immer häufiger das Ruder übernimmt, ist der mechanistische Gedanke unserer Zeit, dass alles kontrollierbar sei. Doch das ist es nicht. *Die Kunst besteht darin, den Spagat zwischen Vertrauen und Verantwortung zu meistern. Vertrauen braucht Verantwortung und Verantwortung braucht Vertrauen.* Unreflektierte Ängste sind hinderlich für beides und stören den Prozess.

Die nachhaltigste Taktik, mit diesem oft übersteigerten Kontrollwunsch umzugehen, liegt somit im Schaffen von Klarheit in Bezug auf folgende Frage: Warum will ich in diesen Situationen kontrollieren?

Erst wenn wir es schaffen, die Ängste und Befürchtungen hinter dem Kontrollwunsch zu erkennen, können wir uns konstruktiv mit ihnen auseinandersetzen. Gelingt es uns, unsere Ängste zu identifizieren, können wir ihre Angemessenheit auf den Prüfstand stellen. Möchte unser Kind beispielsweise hauptsächlich Süßigkeiten essen, so kann die dahinterstehende Befürchtung lauten: »Mein Kind ist mangelernährt und wird krank.« Um diese Befürchtung zu prüfen, könnten wir uns etwa zum Nährstoffbedarf eines Kindes informieren oder auch den Nährstoffhaushalt unseres Kindes ärztlich untersuchen lassen.

Hilfreich ist an dieser Stelle auch die gedankliche Auseinandersetzung mit den möglichen Folgen unserer vermeintlichen Ohnmacht: Was würde passieren, wenn wir unser Kind einfach weiterhin uneingeschränkt Süßigkeiten essen lassen – im besten, im schlechtesten sowie im wahrscheinlichsten Fall? *Diese Flexibilität des Blickwinkels verhilft uns zu einem realistischeren Blick auf die Situation.* Ohnmacht ist ein Gefühl, das uns durch seine Unerträglichkeit zum Finden von Lösungen antreiben soll. Macht hingegen ist ein Fakt. Ob es uns gefällt oder nicht – zwischen unseren Kindern und uns liegt ein naturgegebenes Machtgefälle. Sie sind abhängig von uns und unserem Wohlwollen. *Wichtiger als die Frage nach der Balance zwischen Macht und Ohnmacht finde ich dementsprechend die Frage, wie wir mit unserer Macht umgehen wollen.* Denn selten sind wir Eltern tatsächlich ohnmächtig. Rein theoretisch könnten wir uns über unsere Kinder erheben und unsere Macht missbrauchen. Unser Ohnmachtsgefühl dabei erinnert uns daran, dass unsere Kinder eigene Grenzen haben, die wir nicht einfach überschreiten dürfen. Vielleicht kann uns diese Perspektive etwas die Angst vor der Ohnmacht nehmen. Sie erinnert uns an die Würde unserer Kinder und bewahrt uns vor dem blinden Machtmissbrauch, indem sie uns unserer eigenen ethischen Grenzen und derer unserer Kinder bewusst werden lässt. [19]

Die Generationen vor uns haben ihre sehr klaren Vorstellungen davon, wie Kinder sich zu verhalten hätten, durchgesetzt. Erwachsene setzten ihre Macht ein und erzogen Kinder mittels Angst, zum Beispiel mit Drohungen wie:»Wenn du nicht machst, was ich dir sage, wirst du bestraft«,»… fliegst du raus«,»… bekommst du heute mittag nichts zu essen«. Heute wissen wir, dass diese Art der Erziehung Gift fürs Selbstwertgefühl ist und Menschen weltweit krank macht.

Es tut niemandem gut, in seinem Sein beschnitten zu werden, um anderer Leute Vorstellungen zu entsprechen. Seit einigen Jahrzehnten bemühen sich Eltern, andere Wege zu finden. Vom autoritären Erziehungsstil ausgehend, wurde das andere Extrem, der antiautoritäre Weg, ausprobiert. Zwischen diesen Extremen gab und gibt es viele andere Ideen und Experimente. Wir, die Autorinnen, und sicherlich auch unsere Leserinnen und Leser, wollen über eine Beziehung erziehen, die frei von Machtgefälle ist, und geraten dabei laufend an die damit verbundenen Herausforderungen.

> *»Eine Person, die Autorität besitzt,*
> *hat Durchsetzungskraft.*
> *Eine autoritäre Person nutzt ihre Macht*
> *gegenüber anderen aus.«*
>
> JESPER JUUL

Ein paar Worte noch zur bindungs- oder beziehungsorientierten Erziehung, insbesondere zu einigen Missverständnissen darüber:

- Beziehungsorientiert heißt nicht laissez faire und auch nicht, dass sich alles nur noch ums Kind dreht!
- Das Kind in den Mittelpunkt der Aufmerksamkeit zu stellen, ist keine gute Idee. Einerseits, weil es nicht unbedingt eine angenehme Position ist, wenn man selbst in der Mitte steht und alle Augen auf einen gerichtet sind. Andererseits, weil

wir sagen:»Gehts den Eltern gut, gehts dem Kind gut!«und nicht umgekehrt!

⠿ Bedürfnisse und Wünsche sind zwei völlig verschiedene Dinge, die es unbedingt zu unterscheiden gilt!

⠿ Bedürfnisse sollen gedeckt werden, doch auch nicht jedes Bedürfnis sofort! Und an unerfüllten Wünschen stirbt man nicht.

⠿ Es ist für die gesunde Entwicklung deines Kindes absolut notwendig, dass du Grenzen aufzeigst – deine Grenzen! Damit gibst du deinem Kind Halt und Orientierung.

Das Verhalten deines Kindes, das dich manchmal wahnsinnig zu machen droht, kommt aus seiner Emotion, die es noch nicht so regulieren kann wie Erwachsene. Und hinter jeder Emotion, egal ob beim Kind oder beim Erwachsenen, steht ein Bedürfnis. Emotionale Bedürfnisse sind zum Beispiel sich sicher fühlen wollen, gehört werden, sich angenommen fühlen, wertvoll sein, dazugehören dürfen, ernst genommen werden ... Wenn das nicht gegeben ist, werden nicht nur Kinder wütend oder traurig. Entsprechend wird das Verhalten sein.

Wenn wir allerdings unseren Blick *nur* auf das Verhalten des Kindes lenken, das ja nur das Symptom der Emotion und des missachteten Bedürfnisses dahinter ist, entgeht uns das Wesentliche, nämlich die Information über die Gefühlslage des Kindes!

Deine Aufgabe als Erwachsene ist es, deine eigenen Emotionen zu managen und dein Kind bei der Regulation seiner Gefühle zu begleiten, sodass es, step by step, in sein emotionales Selbstmanagement hineinwachsen kann.

Das Gute ist: Wenn deine eigene Emotionsregulation gelingt, fühlst du deine Hilflosigkeit, deine Ohnmacht nicht mehr so stark.

Ohnmachtsgefühle zulassen als innere Friedensarbeit

Gestalttherapeutische Sicht

Michael Stockert, Mag., Psychotherapeut für Integrative Gestalttherapie, Kontemplative Psychotherapie, Vater von 3 Kindern, Betreiber von www.gestaltmeetsqigong.com:

▓ Wir leben in einer Gesellschaft, in der Souveränität und Machbarkeit zentrale Grundpfeiler der Identität und der Teilhabe an der Gesellschaft sind. In Situationen, in denen wir Ohnmacht erleben, sind wir oft von einem Moment auf den anderen mit dem Verlust dieses haltgebenden Gefühls und Selbstverständnisses konfrontiert. Wenn obendrein noch die eigenen Kinder uns Eltern in diesen Zustand versetzen können oder auch uns unserer Souveränität entledigen können, so ist das auch mit Gefühlen von Kränkung und Niederlage verbunden.

Die teils recht heftigen Reaktionen auf Ohnmachtsgefühle würde ich eher als Copingstrategien bezeichnen – Strategien, um die Ohnmachtsgefühle abzuwehren. *Sich die Ohnmachtsgefühle einzugestehen und diese zuzulassen, sehe ich als die Königsliga im Umgang mit Ohnmacht* an. Freilich nicht primär das Wissen um einen Zustand der Machtlosigkeit, sondern das Zulassen mit »Haut und Haaren« – das dann unweigerlich die eigene Geschichte von Ohnmachtsgefühlen aktiviert, also schnell einen Lawineneffekt auslöst.

Sich auf Ohnmachtsgefühle einzulassen heißt für mich, sich auf den Zustand der Schutzlosigkeit, Offenheit und Schwäche im körperlichen wie auch emotionalen Erleben einzulassen. Das bedarf freilich der für so ein Unterfangen passenden Rahmenbedingungen: Weder die Kritiksituation mit dem Chef noch ein Scharmützel mit dem pubertierenden Jugendlichen um eine Grenzziehung sind dafür geeignete Situationen. Vielmehr ein vertrauensvoller Rahmen mit einem Menschen, in welchem die Beziehung Sicherheit vermittelt.

Die heftigen Reaktionen sind somit Versuche, mit Händen und Füßen diesen Zustand der Offenheit abzuwehren. Langfristig hilft, wie zuvor ausgeführt, das Anfreunden mit diesen uns innewohnenden Erfahrungen. Das beinhaltet freilich, dass ich es als Wert anerkenne, diesen schwachen Persönlichkeitsanteil hereinzuholen, im Sinne der Integration von Persönlichkeitsanteilen. Insofern sind ohnmachtsbedingte Stresssituationen ein Gradmesser dafür, wie weit dieser Prozess des Anfreundens fortgeschritten ist.

Kurzfristig hilfreich ist: den Fokus der Aufmerksamkeit auf das Hier und Jetzt lenken, den Körper spüren, bewusst atmen … Zusätzlich mag es in sehr intensiven, fordernden Situationen hilfreich sein, *sich immer wieder bewusst zu überprüfen, wie ich meinem Gegenüber begegnen will.* Das heißt, ich unterbreche die Volldampffahrt der Emotionen und verbinde mich aktiv mit meinem Verstand, meiner Willenskraft. Das bringt auch ein Entschleunigen der Dynamik mit sich.

Tipp: Sehr hilfreich ist es, das Gegenüber dreimal hintereinander so zu fragen, dass er/sie Ja sagen muss. Drei Jas hintereinander bringen das Hirn in einen anderen Zustand, in dem harte Fronten sich auflösen und wieder ein Austausch stattfinden kann.

Ich glaube, dass Kontrolle ein Grundpfeiler unserer Gesellschaft ist und dass der Spielraum, sich der allgemeinen Kontrolle zu entziehen, eher gering ist. Der eben beschriebene Prozess der Integration der machtlosen, schwachen Persönlichkeitsanteile kann auch als innere Friedensarbeit beschrieben werden. *Diese Friedensarbeit kann sich wie in konzentrischen Kreisen nach außen ausbreiten.*

Ich finde es besonders wichtig, dass jeder Elternteil für sich etwas hat, das für ihn/sie als »Leo« dient: wo der übliche Tunmodus einem Seinsmodus weicht. »Leo« ist als innerer Zufluchtsort zu verstehen; das mag beginnen beim Medienkonsum über Sport bis hin zu meditativen Praktiken.[20]

Ganz abgesehen davon ist es sehr hilfreich, den inneren Richter leiser werden zu lassen, indem die vom Richter *unbeeindruckbare Seinsqualität mehr in den Vordergrund* rückt – was eine Lebensaufgabe für sich ist. Der »innere Richter« ist ein Überbegriff für sämtliche verinnerlichten vergleichenden und moralisierenden Bewertungsschemata, mit dem Ziel, die eigene Person oder das eigene Verhalten zu diffamieren.

Ebenso ist es hilfreich, die eigenen Wertmaßstäbe kritisch zu hinterfragen, indem ich überprüfe, ob die gelebten Prioritäten tatsächlich meiner Einstellung entsprechen. Und zwar ganz faktisch an der Lebenszeit gemessen: *Welche Werte »bekommen« wie viel meiner frei verfügbaren Zeit?*[21]

Deine Empathie ist gefragt, wenn du auf der Beziehungsebene mit deinem Kind verbunden bleiben willst. Unter Empathie versteht man die Fähigkeit, die Emotionen seiner Mitmenschen zu spüren und nachzuvollziehen. Man nennt es auch Einfühlungsvermögen, wenn man die Gefühle anderer Personen deuten kann. Die Grundlage dafür ist die Fähigkeit, sich selbst gut wahrnehmen zu können.

Irgendwie klingt das logisch: Wenn du deine eigenen Emotionen wahrnehmen kannst, ist es dir möglich, auch die der anderen zu erkennen. Der Umkehrschluss: Wenn es dir bei dir selbst nicht gelingt, wie soll es dann bei anderen klappen?

Zu den eigenen Gefühlen stehen tut gut

Psychoanalytische Sicht

Nadja Holstein, Mag., Psychoanalytikerin, Psychotherapeutin in freier Praxis, Mutter von 4 Kindern, www.nadjaholstein.com: ▓▓▓▓▓ Was bedeutet das Gefühl der Ohnmacht? Es ist das Gegenteil von Macht. Ohne Macht sein – Ohnmacht. Ohne Macht und Kontrolle über die Situation – Kontrollverlust. *Das Gefühl der Ohnmacht kann ein Zeichen dafür sein, dass wir als Frau und Mutter überfordert sind, mehr tun und geben, als wir tun und geben wollen und können.*

Ich konzentriere mich in diesem Beitrag besonders auf die Rolle der Frau und Mutter und die gefühlte Ohnmacht, die viele Frauen aus Konfliktsituationen mit ihren Kindern kennen. Die Väter mögen mir diesen Fokus in meinen Überlegungen verzeihen.

Alle Mütter fragen sich manchmal, was sie falsch machen, ob sie als Mutter gut genug sind, warum ihre Kinder nichts so machen, »wie sie sollten«, warum ihre Kinder »nicht in Ordnung« sind. Immer wieder übermannt uns Mütter das schlechte Gefühl, versagt zu haben, es passiert blitzschnell, ein Blick, eine spitze Aussage und schon fühlen wir uns als versagende Mutter, und Ohnmacht dominiert unsere Gefühlswelt. Die schlechte Nachricht: Wir sind nicht omnipotent. Es ist nicht unser alleiniger Verdienst, wenn die Kinder »erfolgreich« sind und die Anforderungen der Umwelt und Gesellschaft erfüllen. Die gute Nachricht: Wir sind nicht omnipotent. (Ja, das ist jetzt der gleiche Satz.) Es ist nicht unsere alleinige Schuld, wenn die Kinder »nicht erfolgreich« sind und die Anforderungen der Gesellschaft und Umwelt nicht erfüllen, wenn sie Rückschläge erleiden. Wir alle bringen einen Charakter mit auf diese Welt, auch unsere Kinder. Wir alle sind eine Mischung aus Anlage und Umwelt. *Unser Einfluss als Mütter ist wichtig, jedoch begrenzt.*

Nun zu dem, was wir als Mütter beeinflussen können: Wenn du dich als Mutter hilflos fühlst, dabei die Kontrolle über dich verlierst und ausflippst, fühlst du schmerzhaft, dass du gar keine wirkliche Macht über diese Situationen hast. Das ist frustrierend, aber du bist dennoch nicht machtlos oder ohnmächtig. Was du wiedererlangen kannst, ist die Macht über deine eigenen Gefühle und dein Verhalten. Und das ist sehr viel!

Was können wir gegen das Gefühl der Ohnmacht tun? Ganz simpel gesagt, müssen wir *Verantwortung für unser Tun übernehmen*. Damit dies gelingt, sollten wir unsere Überzeugungen und Werte überprüfen und gegebenenfalls neu definieren. Das bedeutet, hinter sich lassen, was die anderen sagen, hinter sich lassen, was die Eltern gepredigt haben. Wir sind nun erwachsen und dürfen entscheiden, welche Werte aus unserer Kindheit unseren heutigen Werten entsprechen, welche wir gutheißen und welche wir überdenken und neu definieren sollten.

Was ist dir wirklich wichtig? Zahlt sich jedes Geschimpfe aus? Du trägst die Verantwortung für deine Entscheidungen. Aber es müssen deine bewussten Entscheidungen sein, du musst zu ihnen stehen, dann werden deine Kinder diese auch besser akzeptieren. Des Weiteren dürfen deine Kinder ihren eigenen Charakter, ihren eigenen Kopf, ihre eigene abweichende Meinung, ihre eigene Wut, ihre eigene Traurigkeit haben und die Kinder dürfen ihre eigenen Fehler machen. (Außer es entsteht dadurch eine große Gefahr.)

Wenn wir Verantwortung für unser Tun übernehmen und bewusst entscheiden, fallen wir nicht mehr in ein altes kindlich-regressives Verhalten. Regressives Verhalten sind kindlich infantile Verhaltensmuster, die in der Überforderung auftreten und das Handeln und Fühlen bestimmen. Wir fühlen uns handlungsunfähig. Das Zurückfallen auf kindliches Verhalten entsteht in der Kindheit, durch unsere damaligen Erfahrungen, und erschwert uns die

Weiter-/Vorwärtsentwicklung an diesem Punkt unserer Geschichte. *Wie alt fühlst du dich denn, wenn du eine Schimpftirade auf deinen Sechsjährigen loslässt?* Gar nicht erwachsen, oder? Nein, hilflos wie damals, als du noch ein kleines Kind warst. Diese alten Muster wirken unbewusst. Auf manche können wir durch Reflexion allein kommen und diese auflösen. Andere sind allein kaum aufzuschlüsseln, weil sie tiefe Verletzungen darstellen. Jedoch *umso wichtiger ist es, diese alten Verhaltensmuster für dein Wohl, das Wohl deines Partners und das deiner Kinder kennenzulernen und aufzuarbeiten.* Diesen Weg brauchst du nicht allein zu gehen. Die Aufgabe, dich hierbei zu begleiten, haben sich viele Psychotherapeuten und Psychologen zur Berufung gemacht.

Du wirst sehen, wenn du dich selbst beobachtest und lernst, deinen Anteil an den Abläufen zu verändern, dann werden die ohnmächtig machenden Situationen weniger. Dadurch *sinken die Selbstzweifel und Selbstvorwürfe und im Gegenzug dazu steigt die Selbstachtung.* Du kannst und darfst bei deinen Kindern (und nicht nur bei diesen) klarstellen, welche Verhaltensweisen du akzeptierst, welche du ablehnst und welche Konsequenzen bei Grenzüberschreitungen folgen.

Und noch ein Wort zum Schluss. Donald Winnicott hat schon 1953 einen wichtigen Begriff geprägt, den jede Mutter kennen sollte: den der »good enough mother«.[22] Er war ein englischer Kinderarzt und Psychoanalytiker. Er stellte fest, dass die »Fehler« der Mütter für die Entwicklung der Kinder auch fördernd sind. Das Kind profitiert davon, denn es lernt, dass die Mutter nicht alle Bedürfnisse erfüllen kann, und somit wendet sich der Säugling und später das Kind mutig seiner Außenwelt zu. Würden wir immer alle Bedürfnisse unseres Babys zu hundert Prozent erfüllen, würden wir ewig mit ihm verschmolzen bleiben und es würde nie lernen, »wer ist die Mama« und »wer bin ich selbst«. Somit könnte es kein eigenes Ich entwickeln, kein Selbstbewusstsein, und wäre überle-

Selbstwahrnehmungs-Übung

Wo genau im Körper spürst du deinen Ärger?

Woran erkennst du die Vorzeichen?

Wie beginnt es, wie steigert es sich?

bensunfähig. Das Konzept hier vollständig zu erklären, würde den Rahmen sprengen, aber so viel sei gesagt: Wir dürfen auch mal wütend, schwach, müde, überfordert und schimpfend sein.[23] ▦

Zuhören, um zu verstehen

Dass es Konflikte gibt, wo Menschen miteinander zu tun haben, ist vorprogrammiert. In einer Familie, wo das Zusammenleben auf so engem Raum stattfindet und die Beziehungen eine deutlich emotionalere Komponente haben als zum Beispiel am Arbeitsplatz, ist es also noch naheliegender, dass es zu unterschiedlichen Meinungen, Wünschen, Werten, Bedürfnissen, Vorstellungen und Ähnlichem kommt.

> **»Gehst du dem Konflikt aus dem Weg, gehst du letztendlich den Menschen aus dem Weg.«**
>
> JESPER JUUL

Innerfamiliäre Konflikte können wir, außerhalb von Gericht und Boxring, ausschließlich im Dialog miteinander lösen. Und selbst dann ist nicht gewährleistet, dass alle Beteiligten mit der Lösung zufrieden sind. Die Merkmale eines gelungenen Dialoges sind:

- ▦ Unvoreingenommenes Zuhören.
- ▦ Ausreden lassen.

- Etwas Neues über den anderen erfahren.
- Den anderen ernst nehmen.
- Verständnis zeigen (ist nicht gleichzusetzen mit Einigkeit).
- Sich auseinandersetzen.
- Gemeinsam nach Wegen suchen.
- Authentische Rückmeldung geben.
- Persönlich über die eigenen Gedanken, Gefühle und Werte sprechen.
- Sich einlassen auf den anderen.
- Gemeinsam Vereinbarungen treffen.

> »Unser größtes Kommunikations-
> problem: Wir hören nicht zu,
> um zu verstehen. Wir hören zu,
> um zu antworten.«
>
> ANTHONY PICA

Wenige von uns haben von klein auf gelernt, wie folgt zu kommunizieren: zuhören, um zu verstehen, und nicht nur, um zu antworten. Wir können es jedoch lernen, es uns angewöhnen. Es gibt großartige Literatur dazu, Kurse für Gesprächstechniken, Seminare für »Gewaltfreie Kommunikation« zum Beispiel. Was hinter all diesen »Techniken« steht ist eine Haltung, ohne die es bei der hohlen »Methode« bleibt.

Geborgenheit entsteht nicht durch Strenge, Regeln oder Konsequenzen. Sie entsteht durch Klarheit darüber, wer du bist als Mama oder Papa und wofür du stehst. Geborgenheit entsteht durch den Halt und die Sicherheit, die du vermittelst, indem du auch mal sagst:»Stopp! Bis hierher und nicht weiter.« Hier ist meine Grenze. Und wenn du willst, dass andere deine Grenze respektieren, dann musst du selbstverständlich auch die Grenzen der anderen respektieren – auch die deiner Kinder.

> **IMPULS**
>
> *Statt dich zu fragen, wie du dein Kind zu etwas bewegen kannst, frage dich, was du tun kannst, damit sich dein Kind so sicher wie möglich bewegen kann.*

Mit Achtsamkeit dir selbst gegenüber, in deiner Sprache, in deinem Handeln auch anderen gegenüber, kannst du deine Empathie schulen, falls es durch deinen eigenen seelischen Dauerschmerz zu einer Art Desensibilisierung gekommen ist. Das erkennst du daran, dass du, quasi im Autopilot-Modus, denkst:»Was stellt sich das Kind jetzt schon wieder so an?!« Oder du sagst:»Mein Gott, mir haben die Strafen ja auch nicht geschadet.« Oder:»Kinder brauchen Konsequenzen!«

»Ich bin geprägt aus meiner eigenen Kindheit und mir passierte es häufig, die alten Muster aufkommen zu lassen. ›Stell dich doch nicht so an …‹, hallt es im Kopf, und manchmal spreche ich es genauso aus. Das Kind weiß überhaupt nicht, was eigentlich los ist, schaut mich völlig fassungslos an oder, viel schlimmer noch, es weint.

Wenn es mir gelingt, die Perspektive zu wechseln und mich auf die Sicht meines Kindes einzulassen, ist Macht plötzlich nicht mehr wichtig. Es geht nicht mehr darum, etwas ›durchzusetzen‹ oder ›zu erwirken‹. Das Kind sieht die Welt so anders und will seine Ansicht teilen.

Wenn mir das gelingt, ist die Zufriedenheit auf beiden Seiten deutlich spürbar.« *(Olivia, 37 Jahre, 3 Kinder)*

Im Machtkampf gibt es einen Gewinner und einen Verlierer, das ist das Prinzip. In einer (Liebes)Beziehung haben allerdings beide verloren, wenn einer von beiden gewinnt: den Frieden, die Würde, den Respekt, das Vertrauen, die Liebe, das Verbindende und bestimmt noch mehr. Bei Konfliktbewältigung sollte Macht also keine Rolle spielen.

Noch ein Wort zum Thema Konsequenzen, die gerne mit Strafen gleichgesetzt werden. Die Konsequenzen aus unseren Handlungen können unangenehm sein oder wehtun, aber sie bringen uns nicht dazu, an unserem Wert als Menschen zu zweifeln. Das tun Strafen.

André Stern nennt in einem Interview mit *www.diekleinebotin.at* »vier Grundwerte für eine Haltung, die positiv und zukunftsorientiert ist: Vertrauen, Verbundenheit, bedingungslose Liebe und Begeisterung. Vielleicht ist der Blick auf die neue Haltung eine Einladung, ›auf diese Seite des Spiegels zu treten‹ und Vertrauen in das Kind zu haben. Vielleicht möchte jemand auch eine Minute länger auf dieser Seite verweilen. Jede Minute, die wir auf dieser Seite verbringen, in Verbundenheit, ist ein Segen für die Kindheit.«[24]

.... IMPULS ....

Nimm dir immer wieder mal kurz Zeit und schau mit ganz liebevollen Augen auf dein Kind. Finde heraus, was du an ihm schätzt, und erzähl ihm davon.

Danielas Erkenntnisse
für den Mama-Alltag

Ohnmacht und deren Auswirkung oder die Kombination aus Wut und Ohnmacht sind eine komplexe Sache. Ich habe in Situationen, in denen ich scheinbar »machtlos« bin, oft das Gefühl, in einem fahrenden Zug auf dem Trittbrett zu stehen und nicht abspringen zu können. Die Geschwindigkeit, mit der der Zug und die Gefühle mit mir fahren, ist einfach zu hoch. Dazu passen dann die körperlichen Symptome wie der schneller werdende Puls und der flachere Atem.

Die Unerträglichkeit meiner Ohnmacht

Ganz besonders hatte ich das in dem schon erwähnten Fall der »Toilettenverweigerung« meiner Tochter. Meine Vorstellung, dass ein knapp fünfjähriges Kind, das seit mehr als zwei Jahren keine Windel mehr braucht, einfach auf die Toilette geht, wurde durch ihr Verhalten zum Wanken gebracht. Ob es daran lag, dass ich meine Tochter mit den Worten »Bitte geh noch schnell auf die Toilette, bevor wir losfahren!« daran erinnert habe, oder ob es sich einfach nach und nach zugespitzt hat, kann ich nicht genau sagen. Aber die Situation war nach einigen Wochen so verfahren, dass wir da echt festsaßen. Beide.

Das Hirn reagiert mit Kampf – und ich? Ich schimpfe mit meiner Tochter, weil sie nicht auf die Toilette will. Warum will ich in dieser Situation kontrollieren? Für meinen Teil scheint es klar: Ich will nicht mit dem Auto nach zehn Minuten Fahrt stehen bleiben und am Straßenrand einen Busch suchen, weil sie *doch* muss. Ich will nicht das Bett, den Boden und den Schlafanzug jede Nacht waschen. So weit zu mir. Und sie? Sie fühlte sich übergangen, zurechtgewiesen und in ihrer Selbsteinschätzung nicht ernst genommen. Noch dazu in einer bereits selbstverständlich gewordenen Thematik.

Das war mir dann nach einiger Zeit auch klar, darum habe ich ihr vorgeschlagen, sie tagsüber nicht mehr zu erinnern (und alle Folgen auf mich zu nehmen), was sie wirklich gut fand und dankbar angenommen hat. Aber abends wollte ich es doch gern »erledigt« haben, ich wollte es uns allen mit guter Absicht leichter machen. Das gelang mal so, mal so. Zufriedenstellend war sie nicht, die nasse Bettwäsche wieder und wieder. Die gute Absicht und alle Vernunft der Welt sind für Kleinkinder natürlich nicht genug Argumente.

Gemeinsam Lösungen finden

»Ohnmacht ist ein Gefühl, das uns durch seine Unerträglichkeit zum Finden von Lösungen antreiben soll«, schreibt Isabel Huttarsch[25], und sie trifft es sehr genau, finde ich. Das Finden von Lösungen ist ein Prozess, der durchaus auch zusammen stattfinden kann. Ich habe die Erfahrung gemacht, dass Lösungen, die durch die Kinder zumindest mitbeeinflusst sind, viel eher angenommen werden. (Ganz nebenbei kann ich mir nicht verkneifen zu erwähnen, dass das auch bei Themen mit der Schwiegermutter, dem Chef und sogar dem eigenen Partner eine hervorragende Strategie sein kann.)

Im Fall der »Toilettensache« haben wir wochenlang gerungen, gestritten, waren genervt, fühlten uns unverstanden und nicht ernst genommen und fanden uns gegenseitig unsympathisch. Unsere gemeinsame Lösung sieht im Nachhinein fast zu einfach aus, um wahr zu sein: Mir fiel ein, dass die Kleine noch nie eigene, neue Unterhosen bekommen hatte. Sie trug seit Jahren immer die Hosen ihrer Schwester auf, die zwar noch schön waren und auch nach ihrem Geschmack, aber es waren eben nicht ihre. Ich habe ihr vorgeschlagen, dass wir zusammen losfahren und sie sich welche aussuchen könne – sie ganz allein dürfe entscheiden, welche sie gern mochte. Ich fragte sie, ob sie sich vorstellen könne, mit Hilfe der neuen Unterhosen wieder freiwillig auf die Toilette zu gehen – und sie hat mich mit großen Augen angeschaut, gelächelt und mit einem ehrlichen »Ja!« geantwortet. Also fuhren wir los und sie suchte sich Höschen mit Hasen, Katzen und Hunden in Pastellfarben aus. Seither war es kein Problem mehr. Unglaublich, wie nah eine Lösung manches Mal liegen kann, oder?

Hinter jeder Emotion versteckt sich ein Bedürfnis

Das Verhalten deines Kindes, das dich manchmal wahnsinnig zu machen droht, kommt aus seiner Emotion, die es noch nicht so regulieren kann wie Erwachsene. Und hinter jeder Emotion, egal ob beim Kind oder beim Erwachsenen, steht ein Bedürfnis. Meine Tochter hatte sich durch mein Fragen kontrolliert und in ihrem Bedürfnis nach Selbstbestimmtheit nicht ernst genommen gefühlt. Dabei ist es letztendlich egal, ob ich auch ihre ältere Schwester an die Toilette erinnere, bevor wir rausgehen, oder auch selbst nochmal zur Sicherheit gehe. Es ging ausschließlich darum, selbstbestimmt zu agieren. Das passt sehr zu ihrem Wesen, sie ist mit knapp fünf Jahren sehr eigenständig.

Grundsätzlich wollen Kinder kooperieren. Die Grenzen sind allerdings fließend und der Zeitraum, in dem sie »so wollen wie ich«, deckt sich nicht exakt mit meinem. Wir sind eben eigene Menschen, und uns gegenseitig die Erwartungen oder die Geduldsspanne überzustülpen, funktioniert nicht. Und die Bereitschaft zur Kooperation wird dann sinken, wenn das Kind gekränkt wird oder es überfordert ist, manchmal auch, wenn beides der Fall ist.

»Kind, zieh dir was an, mir ist kalt!« ist eine bekannte Redewendung, die es ganz gut trifft. In vielen alltäglichen Momenten überschneiden sich die Grundbedürfnisse von Eltern und Kindern nur teilweise, was automatisch zu schwierigen Situationen führt.

Ich habe das Gefühl, dass ich »freier« darüber denken und etwas gelassener mit Situationen wie der beschriebenen umgehen kann, wenn ich mich frage, warum mir das so wichtig ist und ob es nicht einen Weg gibt, der das Kind die Selbstbestimmtheit wahren lässt und mir zumindest eine Teilkontrolle vermittelt. Win-win also. Nicht so einfach, aber ganz oft gelingt es – vor allem dann, wenn ich es schaffe, tief genug zu atmen.

SCHRITT 6

Was wirkt besser als Schimpfen?

Es gibt Studien darüber, dass Kinder alle drei bis neun Minuten zurechtgewiesen, geschimpft oder bestraft werden. Im Supermarkt ist es noch öfter. Welche Gründe auch immer dazu veranlassen, so viel zu schimpfen – es hat definitiv unerwünschte Nebenwirkungen: Das Selbstwertgefühl der Kinder leidet, der Lerneffekt ist selten so groß wie gewünscht und es schadet der Beziehung zwischen Eltern und Kind.

*Er*ziehung funktioniert über *Be*ziehung. Und es hat ganz viel mit der eigenen Einstellung zu tun, wie wir Beziehungen führen, in welcher Qualität sich Beziehungen gestalten. Der Balanceakt, eine Beziehung auf Augenhöhe mit deinem Kind zu führen und dabei dennoch die Führungsrolle als Mama oder Papa wahrzunehmen, ist die Basis dafür, dass dein Kind sich kooperativ zeigen wird. Das macht es viel leichter, die Liebe zu spüren, und kostet weniger Kraft als jeder Machtkampf.

Auf den nächsten Seiten bekommst du ein paar Ideen und Anregungen, was du konkret *tun* kannst, statt zu schimpfen, und wie du deinem Kind zeigst, dass du es anerkennst und respektierst. Es sind konkrete Handlungsalternativen, die jedoch nicht als Rezepte zu betrachten sind. Es gibt hier keine Erfolgsgarantie, aber sehr gute Chancen, dir den Alltag wesentlich zu erleichtern. Eine gleichwürdige Grundhaltung ist die ideale Basis dafür. Und es empfiehlt sich, dranzubleiben, auch wenn es nicht sofort und immer klappt. Bis zu einer Million Wiederholungen sind notwendig und normal, sagt Jesper Juul.

Die 7 Alternativen

EINS Sag, was du siehst

Hier ist eine erste Idee, wie du deine wertschätzende Haltung dem
Kind gegenüber zum Ausdruck bringen und seine Kooperationsbereitschaft erhöhen kannst.

Statt gleich zu schimpfen, kannst du erst mal beschreiben, was
du siehst oder wahrnimmst. Also statt »Wie oft soll ich dir noch
sagen, dass du das Licht im Bad ausschalten sollst?!« sagst du zum
Beispiel »Max, das Licht im Bad brennt noch«.

Zu sagen, was du siehst, lässt sich in vielen Lebenssituationen
gut üben und anwenden. Es entschleunigt sehr und beugt damit
vielen Missverständnissen vor. Du signalisierst damit eine wertfreie
Haltung. Niemand wird wirklich gerne bewertet, und schon gar
nicht schlecht.

Sag, was du siehst, sag, was du wahrnimmst, und im Zweifelsfall
hinterfrage genau, ob das, was du darüber denkst, auch wirklich mit
der Realität des anderen übereinstimmt. Bewertungen und Interpretationen sind schnell gefasst, das heißt jedoch noch lange nicht,
dass sie zutreffen.

Erziehung ist eine Haltungsfrage! Eine neue Haltung einzunehmen, braucht etwas Übung. Daher empfehle ich dir, fang gleich
heute damit an und beobachte zunächst, bevor du bewertest oder
interpretierst. Schau die Menschen und natürlich auch deine Lieben mit neugierigen Augen an. Möglicherweise wirst du überrascht
sein, was es alles zu entdecken gibt.

Um dir diesen Schritt zu erleichtern, kannst du mit drei Re-
flexionen beginnen. Die erste dient dazu, dein Kind genau zu betrachten, die zweite gilt eurer Beziehung, und die dritte fragt nach
deiner eigenen Kindheit.

Lenke deinen wertschätzenden Fokus auf dein Kind:
Jedes Kind ist anders!

Wie ist dein Kind? Beschreibe die Persönlichkeit deines Kindes: seine individuellen Eigenschaften, seinen Charakter, seine Wesenszüge, sein Verhalten usw.

Was schätzt du ganz besonders an deinem Kind?

Sag deinem Kind, wie sehr du es schätzt. Sag ihm, was du in ihm siehst. Wertschätzung ist wie Balsam für die Seele!

Was macht die Beziehung zwischen dir und deinem Kind einzigartig?

Beschreibe deine Haltung deinem Kind gegenüber:

Was gelingt dir gut in der Beziehung zu deinem Kind?

Was fällt dir schwer in der Beziehung zu deinem Kind?

Was nimmst du dir für die Zukunft vor?

ZWEI Gib Informationen

Hier ist der nächste Vorschlag, um die Kooperationsbereitschaft deines Kindes zu erhöhen, eure Beziehung zu fördern und weniger zu schimpfen: Gib Informationen, statt Vorwürfe zu machen. Statt zum Beispiel zu sagen »Jetzt hast du schon wieder die Butter draußen stehen lassen!«, sagst du »Die Butter gehört in den Kühlschrank«.

So viele Machtkämpfe würden sich erübrigen, wenn man nicht jede Fehlleistung als Angriff gegen die eigene Person wahrnehmen würde. Mal ist es Aufregung, mal Überlastung, mal ist es einfach die Eile, die uns dazu bringt, Dinge nicht hundertprozentig korrekt zu machen. Vieles muss bei Kindern eben auch erst zur Gewohnheit werden und ist noch nicht so selbstverständlich wie für uns Erwachsene, die wir ja erfahren sind und lange Jahre Zeit hatten, Gewohnheiten zu etablieren.

Versuch also eine neutrale Sichtweise auf die Situation einzunehmen und gib einfach eine Information, die dein Kind gerade braucht oder auch daran erinnert, einen Handlungsvorgang abzuschließen. Es schont deine Nerven, es ist eurer Beziehung zuträglicher und es ist weniger anstrengend.

DREI Sag's mit einem Wort

Hier ist ein weiterer Vorschlag, was du statt Schimpfen tun kannst. Statt lange Vorträge zu halten, sag es mit *einem* Wort. Also statt »Jeden Abend dasselbe Theater, zuerst kasperst du ewig rum, dann die Nerverei wegen dem Fernsehen, und am Ende schreist du wieder und warst immer noch nicht im Badezimmer!«, sag einfach »Badezimmer!«

Die langen Vorträge und Erläuterungen, die wir Erwachsenen gelegentlich abhalten, gehen unseren Kindern sprichwörtlich zum einen Ohr rein und zum anderen wieder raus. Irgendwann hören sie gar nicht mehr wirklich zu. Die Botschaft kennen sie grundsätz-

lich, also ist eine sehr verkürzte Version des Inhalts durchaus ausreichend. Die Kinder wissen sehr gut, was gemeint ist.
Wichtig ist hierbei, auf den Tonfall zu achten. Du weißt ja, der
Ton macht die Musik. Es geht schließlich darum, eine wertschätzende Haltung zu bewahren und doch sehr klar zu sein in der Führungsrolle. Und es macht nun mal einen Unterschied, ob ich »Badezimmer ☺!« sage oder »Badezimmer ☹!«
Denk daran, es kommt auf das *Wie* an, das wirkt sich auf die
Qualität der Beziehung aus. Also, mach es dir leichter, und sag's
mit einem Wort!

VIER Sag, was du fühlst

Wenn du die Beziehung zwischen dir und deinem Kind stärken
willst, die Kooperationsbereitschaft deines Kindes erhöhen willst
und auch den Wunsch hast, weniger zu schimpfen, hier ein weiterer
ganz toller Tipp für dich – der lässt sich auch großartig im Umgang
mit Erwachsenen gebrauchen:
Sprich über deine Gefühle, statt zu bewerten. Statt zum Beispiel
zu sagen »Du respektloser Kerl, ständig unterbrichst du mich!«,
könntest du sagen »Es frustriert mich sehr, wenn ich etwas sagen
will und nicht fertig sprechen kann«.
Wenn du über deine Gefühle, deine Wünsche, deine Vorstellungen und so weiter sprichst, lässt du den anderen Einblick nehmen
in dein Innenleben. Was geht in dir vor, was bewegt, was beschäftigt dich? Wenn du über so etwas redest und dabei wirklich bei dir
bleibst, kann es niemals verletzend für den anderen sein. Im Gegenteil, es erhöht üblicherweise die Kooperationsbereitschaft des anderen, weil das Einfühlen in deine Situation leichter gemacht wird.
Die Voraussetzung ist, dass du bei echten Ich-Botschaften
bleibst. Sag ausschließlich etwas über dich und nicht über den anderen! Das mag nämlich niemand wirklich gern …

Was hast du denn als Kind erlebt? Welche Vorbilder hattest du?

Welche Erfahrungen hast du mit Schimpfen, Vorwürfen, Verurteilungen?

Wie ist es dir dabei ergangen?

Was hättest du gebraucht?

Es erfordert Übung, wenn du diesen Tipp beherzigen willst. Darum fang am besten gleich heute damit an!

FÜNF Schreib's auf

Diese Alternative zum Schimpfen ist allerdings erst mit Kindern umzusetzen, die bereits lesen können. Unser Vorschlag lautet: Schreib's auf! Manchmal hilft eine schriftliche Nachricht mehr als das gesprochene Wort. Du kannst zum Beispiel einen Zettel an den Fernseher kleben, auf dem steht »Bevor du den Fernseher einschaltest, schau nochmal, ob du auch wirklich alle Hausaufgaben gemacht hast«. Oder einen Zettel in der Küche anbringen, auf dem steht »Danke, dass du die Butter wieder zurück in den Kühlschrank stellst!«

Die geschriebene Nachricht dient als Erinnerung und damit als Unterstützung beim Etablieren von Gewohnheiten. Wir alle wissen, dass das viele Wiederholungen und viel Übung erfordert. Unsere Kinder besitzen die fantastische Fähigkeit, im Jetzt zu leben, und sind dann so euphorisch oder so fokussiert auf den Moment, dass andere Dinge, die uns Erwachsenen wichtig sind, in den Hintergrund treten. Da ist keine böse Absicht dahinter.

Übrigens: Du darfst natürlich auch Nachrichten mit kleinen Nettigkeiten hinterlassen wie »Ich hab dich lieb!« oder »Schlaf gut!«

Also, schreib's auf, dann brauchst du gar nichts zu sagen und bist dennoch hilfreich und präsent.

SECHS Rede weniger, hör mehr zu

Manchmal reden wir Erwachsenen viel und im Grunde immer wieder dieselben Sachen, sodass die Kinder auf Durchzug schalten. Kinder fühlen sich oft unverstanden, ungehört und leider auch geschimpft für etwas, das scheinbar eh keinen interessiert. Womöglich hören sie dann damit auf, sich mitzuteilen, und erzählen von sich aus nichts mehr. Also: Rede weniger und hör stattdessen mehr zu!

Wenn du dein Kind zum Reden animieren willst, stell ruhig Fragen. Doch vermeide die Warum-Frage! Sie gilt als destruktive Frage, da sie dein Gegenüber unter Rechtfertigungsdruck bringen kann. Frag lieber nach dem Wie, Was, Wann, Wer oder Wo. Wenn du zum Beispiel fragst »Wie kam es dazu, dass das und das passiert ist?«, erfährst du den Grund ebenso. Die Art, wie du gefragt hast, lädt allerdings mehr zum Erzählen ein. Selbst wenn du nicht immer alles gut findest und dich bei so mancher Erzählung wunderst – so wirst du auch viel über dein Kind lernen. Dein Kind macht die Erfahrung, dass es dir alles erzählen kann. Es muss also nichts verschweigen oder ein wenig schummeln, weil du ihm vermittelst, dass du auch die Wahrheit verträgst. Das wird euer Vertrauen zueinander stärken.

Sei neugierig, was dein Kind erzählt, und versuche es tatsächlich so neutral wie möglich zu hören, ohne Partei zu ergreifen oder zu werten. Dein Kind lässt dich gerade teilhaben an seiner Erlebniswelt. Das ist eine Einladung, mit deinem Kind in Beziehung zu gehen – also ein Geschenk.

SIEBEN Drohen bringt's nicht

»Wenn du nicht, dann …!«-Drohungen sind schnell ausgesprochen, und sie stehen eindeutig für einen Machtkampf. Einer stellt sich über den anderen und sagt ihm, was er zu tun hat. Wer mag das schon? Wer ordnet sich gerne unter? Das ist keine geborgen wirkende Eltern-Kind-Beziehung, oder?

Drohungen bewirken Angst oder Gleichgültigkeit, je nachdem, ob du deine Drohungen wahr machst. Also: Vermeide Drohungen ganz. Und wenn du schon drohst, dann niemals mit etwas, das du nicht wirklich durchführen willst. Denn damit verlierst du deine Glaubwürdigkeit endgültig. Am Ende ist so ein Machtspiel sowieso für beide entwürdigend. Und es macht die Liebe kaputt – weder

Angst noch Gleichgültigkeit passen zur Liebe. Sag stattdessen lieber ganz konkret, was du erwartest. Wenn dein Kind das nicht erledigt, nenne eine Konsequenz, die in erkennbarem Zusammenhang mit dem Thema steht.

Hier ein Beispiel: »Ich will, dass du dich jetzt anziehst, damit wir in den Kindergarten gehen können.« Wenn das Kind sich nicht anzieht, geht es eben im Pyjama – und du nimmst die Anziehsachen in einer Tasche zum Kindergarten mit.

Wenn du eine Bitte formulierst, sei dir bewusst, dass in einer gleichwürdigen Beziehung auch ein Nein erlaubt sein muss. Sonst wäre es keine Bitte, sondern ein Befehl.

Darum bitten wir dich: Drohe weniger, versuche lieber glaubwürdig zu bleiben und sei klar in Gedanken, Worten und Taten.

Jeder Konflikt ist anders!

Beschreibe deinen letzten Konflikt:

Wie hast du dich dabei gefühlt?

Wie hast du reagiert bzw. dich verhalten?

Falls du dich gerne anders verhalten würdest, wie wäre das?

Was hat dich daran gehindert, dich so zu verhalten?

Wen oder was brauchst du, um dein Verhalten zu ändern?

Was nimmst du dir für die Zukunft vor?

Du bist nicht allein!

Selbst wenn du dich manchmal so fühlen solltest, bist du definitiv nicht allein! Glücklicherweise gibt es heute auch für Familien, die wenig sozialen Anschluss haben oder recht entlegen wohnen, tolle Möglichkeiten, via Internet Kontakt zu Gleichgesinnten zu finden. In einem sehr konstruktiven Sinne gibt es Foren, Gruppen und Onlinetreffen, die von Profis moderiert werden.

Wer beziehungsorientiert und auf Augenhöhe mit seiner Familie leben will, ist längst nicht mehr allein – es haben sich wertvolle Gruppierungen gebildet, innerhalb derer Familien Einblick in ihren Alltag, ihren Umgang mit Strukturen und gesellschaftlichen Regeln erlauben und nicht selten neue Leitsätze und Grundsteine für ein modernes Familienleben gestalten. Neben Danielas Blog *www.diekleinebotin.at* können wir die folgenden Blogs uneingeschränkt empfehlen:

- www.gewuenschtestes-wunschkind.de
- www.geborgen-wachsen.de
- www.chezmamapoule.com
- www.elternvommars.com

Um dir konkrete Hilfe zu holen, wenn es brennt, gibt es viele weitere Möglichkeiten:

- Onlinecoaching buchen (z. B. www.beziehungshaus.at)
- Webinare besuchen
- Podcasts hören, Youtube-Kanäle abonnieren
- Downloads (E-Books u. ä.) zu konkreten Fragestellungen
- Pinterest-Boards (z. B. Beziehung und Erziehung / die kleine Botin)

Auch eigens für Eltern entwickelte Apps können hilfreich sein, z. B.::

::: Mami Connection – Austausch, nützliche Empfehlungen und Gleichgesinnte in der näheren Umgebung

::: Bluecherries (Freizeittipps und Familienevents nach Region, Alter und Interesse)

Und es gibt folgende empfehlenswerte Instagram-Accounts:

::: @langsam.achtsam.echt

::: @heuteistmusiklaura

::: @mamapsychologie

Erkundige dich im Internet oder auch ganz analog nach Spieltreffs und Elterngruppen in deiner Umgebung. Der Austausch mit anderen Eltern ist wertvoll und hilft dir, dein Netzwerk zu bauen. Wenn du gern liest, dann sind sämtliche Bücher von Jesper Juul Standardwerke, die wir empfehlen. Weiter stehen »Das gewünschteste Wunschkind« von Danielle Graf und Katja Seide, »Begeisterung« von André Stern und »Blödsinn gibt's nicht. Wie wir Kinder fürs Leben begeistern« von Thomas Brezina ganz oben auf unserer Liste.

Du bist gut genug!

Beim Durchlesen dieser Handlungsvorschläge ist dir bestimmt das eine oder andere aufgefallen, was du ohnehin schon tust. Siehst du, du bist sowieso die beste Mama, die du sein kannst! Wir wollen dich ermutigen, den Blick öfter mal darauf zu lenken, was gut läuft. Auch jetzt, in diesem Moment: Halt mal einen Augenblick inne und wirf einen Blick auf das, was dir bereits alles gut gelungen ist im Zusammenleben mit deinen Kindern. In letzter Zeit, in einer für dich besonders schwierigen Zeit, oder ganz generell.

Was ist dir gut gelungen?

Worauf bist du stolz?

Worüber freust du dich?

Was nimmst du dir für die Zukunft vor?

Danielas Erkenntnisse für den Mama-Alltag

Der Grund, warum ich die Coachings mit Linda und damit die Arbeit an mir selbst begonnen habe, lag in meinem eigenen Umgang mit den Kindern – genauer gesagt meinem Umgang mit meinem eigenen Stress, meiner Überforderung und meinen Ansprüchen an das »Mama-Sein«. Ein Konzept, das bereits nach den ersten Gesprächen entstand, ist das zur Soforthilfe. »Was kann ich tun, statt zu schimpfen?«, habe ich Linda gefragt, und genau diese Frage wurde ausführlich beantwortet. Das Schöne an den Antworten ist, dass sie vielfältig und kreativ sind und dass für nahezu jede Alltagssituation eine anwendbare dabei ist.

Sag, was du siehst

Das ist meine Lieblingsalternative zum Schimpfen, weil das auch sehr kleine Kinder gut verstehen und darauf meist auch gleich reagieren. »Deine Jacke liegt auf dem Boden.« »Das Licht in der Toilette brennt.« »Die Zahnpastatube ist offen.« – das sind unsere Klassiker. Ich habe die Erfahrung gemacht, dass es wichtig ist, den richtigen Zeitpunkt abzuwarten, um die Feststellung zu platzieren. Damit meine ich, nicht sofort, wenn ich es sehe, zu sprechen – also wenn die Kinder womöglich mitten im Spiel sind oder einer anderen Beschäftigung nachgehen, sondern dann, wenn sie mir gerade aufmerksam zuhören können. Andernfalls gerät man schnell in die »Mir hört sowieso keiner zu«-Falle. Diese Opferrolle gefällt mir nicht nur nicht, ich finde sie unfair und gemein, vor allem Kindern gegenüber.

»Deine Jacke liegt auf dem Boden« hat schon bei meiner Kleinen (damals knapp drei) für Aufmerksamkeit gesorgt. Sie hat erst mich angeschaut, dann die Jacke, und sie dann aufgehoben und mir in die Hand gedrückt. *Tschakka!* Kleine Erfolge wie diesen quittiere ich gern mit einem Lächeln.

Praktische Lösungen

Damit einfache Tätigkeiten den Kindern so leicht wie möglich gemacht werden, ist es spannend, sich die Wohnung genau anzuschauen: Wie ist zum Beispiel der Flur oder das Vorzimmer organisiert? Gibt es Haken, die die Kinder erreichen können? Sind die Haken frei, damit die Jacke auch hängen bleibt und nicht gleich wieder zu Boden fällt? Gibt es eine kleine Box für Mützen, Caps, Handschuhe usw.? Hat jedes Familienmitglied einen festen Platz für seine Schuhe?

Tipp: Wenn die Kinder noch recht klein sind, bieten sich Körbchen an, in die man die Schuhe hineinstellen kann. Ab dem Kindergartenalter sind Schuhschablonen aus Filz oder Kork schön, so sehen alle sofort, wo die Schuhe stehen sollen und wie sie zueinander passen. Je organisierter und übersichtlicher das gestaltet werden kann, desto eher sind auch kleine Kinder bereit, ihre Sachen selbstständig zu ordnen. Mehr noch, sie werden zufrieden damit sein, ihre Sachen zu finden und sich selbst anziehen zu können.

Apropos anziehen: Stell einen Tisch oder eine Kommode auf Kleinkindhöhe in den Eingang oder den Flur – die helfen beim selbstständigen Jackenanziehen. Die Jacke wird so hingelegt, dass sie mit der Innenseite nach oben und mit dem Kragen zum Kind liegt. Das Kind muss nun bloß in die Ärmel schlüpfen und sich die Jacke mit Schwung über den Kopf nach hinten werfen – und zack, sie sitzt!

Dieser Trick hat uns sehr geholfen, als das Geschwisterchen auf die Welt kam, und ich ohnehin immer gefühlt vier Hände zu wenig hatte. Die Selbstständigkeit meiner älteren Tochter wurde damit klasse gefördert, ich war entlastet und wir waren deutlich schnel-

▶ DU ◀

MUSST

DEIN

ÄNDERN

▶▶ LEBEN. ◀◀

RAINER MARIA RILKE

ler aus dem Haus. Das sollte im Eingang oder im Flur außerdem nicht fehlen:

- Haken auf Kinderhöhe.
- Körbchen für Schals, Mützen usw.
- Regal für Sonnenbrillen.
- Spiegel in Kinderhöhe.
- Eigener Platz für Schuhe

Sag es mit einem Wort
Bei uns ist die Abendroutine nicht immer reibungslos, weil alle Familienmitglieder (mich eingeschlossen) abends recht aktiv sind. Natürlich muss dafür gesorgt werden, dass wir alle frühmorgens, wenn der Wecker läutet, auch ausgeschlafen sind. Das heißt, wir müssen abends alles straff organisieren.

Nach dem Abendessen ist noch kurz Spielzeit, den Ablauf klären wir zusammen schon während des Essens: »Wir können heute nach dem Essen noch 20 Minuten spielen, danach gehen wir gemeinsam ins Badezimmer, duschen und putzen die Zähne.« Als meine Kinder die Uhr noch nicht lesen konnten, habe ich ein Spiel vorgeschlagen, das in etwa so lange dauert, oder ihnen den Zeiger auf einer Uhr gezeigt, selten auch einen Wecker gestellt oder Musik über den entsprechenden Zeitraum laufen lassen.

»Badezimmer!« reicht dann auch meist, wenn es so weit ist. Die coole Alternative zu »Ich will, dass wir jetzt ins Badezimmer gehen …« wende ich regelmäßig an.

Eigenständigkeit fördern

Das Badezimmer ist, wenn es der Platz irgendwie zulässt, übrigens ein immens wichtiger Ort, um die Selbstständigkeit zu üben – immerhin geht es um den eigenen Körper!

Ein Waschbecken auf Kinderhöhe ist wahrscheinlich baulich nicht überall umsetzbar – auch bei uns nicht, deshalb hatten wir in den ersten Jahren einen umgebauten kleinen Holzstuhl mit Loch in der Sitzplatte. Im Loch steckte eine kleine Schüssel aus Edelstahl. An der Stuhllehne hing ein eigenes kleines Handtuch und neben der Schüssel standen Zahnbürste und Zahnpasta bereit. Der Stuhl konnte leicht aus dem Weg geräumt werden und war einfach da, wenn wir ihn brauchten. Unser Mini-Waschtisch war lange sehr beliebt.

Später haben wir dann auf einen Tritthocker gewechselt, der bis heute den Zugang zum Waschbecken für beide Kinder erleichtert und auch dafür sorgt, dass sie sich beim Zähneputzen hinsetzen können, wenn sie müde sind.

Sag, was du fühlst

Mit dieser Möglichkeit, die eigenen Gefühle zu benennen, sind unsere Konflikte wesentlich harmloser geworden, weil sie die Anschuldigungen herausnimmt. »Mir ist gerade alles zu viel, ich bin wütend.« Sätze wie diese zeigen, wie ich mich fühle, und auch, wenn es mir gerade nicht gut geht, ist niemand anders daran schuld. Ich äußere nur mein Gefühl. Mit sehr kleinen Kindern streitet man ohnehin nicht, aber so können sie immer und immer wieder sozusagen nebenbei erleben, wie Konflikte ausgetragen werden können, ohne dass dabei jemand beleidigt oder beschuldigt wird.

Das Gegenteil lernen die Kinder recht schnell in Kindergarten, Schule und Hort kennen – und es ist beeindruckend, wie sehr ihnen der Unterschied bewusst ist! Selbstverständlich probieren sie alle Varianten und Möglichkeiten aus, die ihnen angeboten werden – das ist ein bisschen wie mit den Schimpfwörtern. Man muss schließlich selbst hören, wie sie aus dem eigenen Mund klingen. Wenn sie den Umgang mit Menschen beziehungsorientiert, auf Augenhöhe und gleichwertig erfahren, spüren Kinder ganz schnell, was sich gut anfühlt und wie sie gern behandelt werden wollen. Mehr noch, es fällt ihnen auf, wenn andere Menschen, denen man im Alltag begegnet, eine rüdere Form der Kommunikation leben: »Mama, sie schaut ihr Kind gar nicht an und schimpft nur ganz laut.« Sätze wie diesen habe ich vor allem von meiner älteren Tochter schon viele Male gehört. Kinder sind sehr feinfühlig und spüren die Emotionen, und sie sagen ungefiltert, was sie wahrnehmen.

Rede weniger, hör mehr zu

Es ist für mich persönlich nicht nur eine schöne Alternative zum Meckern und Bemängeln, sondern ein Anspruch an mich selbst, aufmerksam zuzuhören, statt sofort draufloszuplappern. Vor allem im Konfliktfall – aber auch einfach so im Alltag – ist weniger mehr. Das gewohnheitsmäßige Schimpfen à la »Was ist denn nun schon wieder los? Was hast du schon wieder gemacht?« kann ich mir getrost sparen. Das Vertrauen, das damit aufgebaut wird, ist einfach unglaublich wichtig und kann durch nichts ersetzt werden. Du gibst deinem Kind zu verstehen, dass es immer alles erzählen kann, weil es angehört wird, ohne vorschnell bewertet oder gar verurteilt zu werden.

Wenn die Situation angespannt ist oder wir unter Zeitdruck geraten, kippt die Stimmung schon mal. Dann wird gestritten, geweint, wir alle kennen das, oder? Ich muss mich selber sehr am Riemen reißen, um nicht loszuschimpfen … Gerade dann ist weniger mehr. Wenn die Lage sich etwas beruhigt hat, dann erzählen die Kinder oft von sich aus, was sie aus der Ruhe gebracht hat: »Ich find es sehr traurig, dass wir schon gehen mussten.« Oder: »Es war nicht gerecht, dass meine Freundin mehr bekommen hat als ich.«

Nach einem langen Tag im Kindergarten oder einem Wochenende bei den geliebten Großeltern sind große Gefühle zu erwarten: Laut und ungefiltert werden die Eindrücke dann kundgetan, fast, als ob das Erlebte erst ausgesprochen werden muss, um verarbeitet, sortiert und abgelegt werden zu können. Je weniger ich dazu sage, desto besser kann ich so eine Gefühlswallung begleiten. (Außerdem erspare ich mir damit, in die »Interpretationsfalle« zu tappen.) Zuhören reicht meist; wenn meine Tochter eine Antwort einfordert, dann versuche ich meist, in eigenen Worten zu wiederholen, was sie mir erzählt hat, um zu zeigen, dass ich aufmerksam zugehört und verstanden habe.

Drohen bringt's nicht

Ich bin oft richtig traurig darüber, wie viele Drohungen allein in den 15 Minuten, die das Abholen im Kindergarten dauert, zu hören sind: »Wenn du nicht sofort kommst, dann gehe ich allein.« »Wenn du dich nicht beeilst, dann fahren wir nicht zu Oma!« Ist das nicht erschütternd? Ja, wir sind nachmittags gestresst und manchmal genervt, müde, hungrig oder was auch immer, aber das Kind kann nichts, absolut gar nichts dafür!

Solange wir Eltern *klar* kommunizieren, was wichtig und zu tun ist, können wir uns die Drohungen komplett sparen. Eines meiner liebsten Beispiele ist das Heimgehen vom Spielplatz: Klar, kein Kind will heim, wenn es gerade mitten im Spiel ist – da ginge es uns wohl selber nicht anders.

»Ich will, dass wir in 15 Minuten gehen, ich sage es dir nochmal vorher. Was möchtest du unbedingt noch machen?« »Schaukeln und auf das Netz klettern!« Das ist eine konkrete Angabe, die wir beide jeweils machen. Wenn ich dann kurz vor dem Gehen nochmal Bescheid gebe, dass es in 5 Minuten so weit ist, dann wird zwar auch gejammert, aber die Kinder gehen mit. An Tagen, an denen wir länger Zeit haben, sage ich das auch gleich dazu: »Heute muss ich das Abendessen nicht lang vorbereiten, heute kannst du gern länger im Sand bleiben oder noch 5 Mal öfter rutschen.«

Was meine Kinder tun, tun sie für sich und nicht gegen mich

Dass ich mir dessen bewusst bin, erleichtert es mir immens, auch fordernde Situationen auszuhalten und entsprechend zu begleiten. Kinder machen natürlich alles, um ihre Neugier zu befriedigen und ihrem Tatendrang nachzukommen, aber im Grunde wollen sie mit uns (den wichtigsten Menschen, die sie haben) kooperieren. Das stelle ich fest, wenn es mir gut gelungen ist, zu kommunizieren, dass ich nicht anders kann, als so zu reagieren, wie es das Kind vielleicht gerade nicht mag – dafür aber bei der nächsten Gelegenheit auf seine Wünsche und Bedürfnisse eingehe.

Ein Beispiel, das sich unzählige Male wiederholt hat (mit beiden Töchtern): Weil ich einen beruflichen Termin habe, muss ich sie morgens viel früher als sonst in die Krippe und in den Kindergarten bringen. Dafür habe ich aber dann am Nachmittag Zeit, wenn mir die eine noch etwas zeigen will oder wenn die andere auf dem Heimweg ihr langsames Tempo geht. Noch lange bevor ich Begriffe wie »bedürfnisorientiert« oder »beziehungsorientiert« wörtlich genommen habe, war das gegenseitige Vertrauen da.

Spannend fand ich damals (meine Erstgeborene war knapp zwei Jahre alt), dass das auch meiner Mutter auffiel. Sie sprach mich darauf an, weil sie es schön fand, wie wir miteinander leben und wie »ernst« ich meine Tochter nehme, obwohl sie ja »noch so klein ist« und »kaum sprechen kann«. Das ist beachtlich, denn genau das kannte ich aus meiner Kindheit nicht. Vertrauen in die angeborene soziale Kompetenz war in meiner frühen Kindheit nicht üblich und ich habe es auch so nicht erfahren. Aber ich habe mich sehr gefreut, dass meine Mutter mich darin bestärkte.

SCHRITT 7

Setz deine Erkenntnisse im Alltag um

Nun hast du viel Theoretisches gelesen, dich mit vielen Aspekten der Thematik auseinandergesetzt und hoffentlich schon einige brauchbare Impulse und Erkenntnisse gewonnen. Wir wollen dir hier ein paar Vorschläge machen, die es dir erleichtern sollen, deinen Weg zu finden, all das, was du an Erkenntnissen gewonnen hast, im Alltag umzusetzen – ganz individuell.

> *»Wer etwas will, findet Wege.*
> *Wer nicht will, findet Gründe.«*
>
> ALBERT CAMUS

Anti-Schimpf-Reminder für den Familienalltag

Nach allem, was du bisher in diesem Buch gelesen hast, bist du nun eingeladen, die für dich wichtigsten Erkenntnisse aufzuschreiben. Für deine Ideen und Glaubenssätze kannst du dir Kärtchen vorbereiten, auf die du schreiben kannst. Diese Kärtchen installierst du an Orten, an denen du sie immer wieder gut sehen kannst. Sie dienen als Erinnerung im Alltag. Du kannst selbstverständlich auch einfache Klebezettel verwenden.

Sprüche und Mama-Mantras zum Aufheben und Aufhängen

Die folgenden Sprüche und Mantras kannst du über die Webseite www.beltz.de (auf der Seite für dieses Buch) downloaden oder sie in deiner eigenen Handschrift auf deine Kärtchen oder auf Klebezettel schreiben und in deiner Wohnung, an deinem Arbeitsplatz, in deinem Tagebuch – oder wo immer du willst – anbringen, so dass sie dich im Alltag an deine wichtigen Erkenntnisse erinnern.

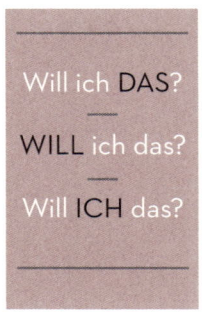

Listen, um das gesunde Maß zu finden

Meistens ist ein »Zuviel« nicht gut, genauso wie ein »Zuwenig«. Was könnte das konkret bei dir sein? Hier findest du ein Beispiel, wie du dir einen Überblick verschaffen kannst über dein persönliches Zuviel und Zuwenig:

Zu viel	Gut gemeinte Ratschläge von außen Perfektionismus Überfürsorge (Selbst-)Kritik Bewertung Interpretation Verkopfung Überverantwortlichkeit	Wie reduzieren?
Gesundes Maß	Achtsamkeit Gelassenheit Weitsicht Fürsorge Nähe/Distanz Eigenverantwortung	Wie Balance schaffen?
Zu wenig	Authentizität Abgrenzung Selbstfürsorge Reflexion Mut Empathie Klarheit	Wie erhöhen?

Hier kannst du deine eigenen Eintragungen vornehmen:

Zu viel		Reduzieren
Gesundes Maß		Balance
Zu wenig		Erhöhen

Und nun gehts ans Konkretisieren dessen, was du verändern willst!

Was genau willst du als Erstes ändern?

Wie genau wirst du das machen?

Wer oder was kann dich dabei unterstützen?

Wer oder was könnte hinderlich sein?

Dein Plan: Mach's konkret und vor allem: Mach es!

Sorge für ein gutes Familienleben! Setz dir konkrete Ziele, die dich in ein gutes Zusammenleben mit deinen Lieben führen, so wie du dir das vorstellst. Mach einen Plan und setz ihn Schritt für Schritt um.

Geh auf diese Weise selbstbestimmt vor, dann gibt es keinen Grund zum Jammern mehr. Du hast es in der Hand! Du bist die Gestalterin oder der Gestalter deines Lebens.

Ein konkretes Ziel soll …

- spezifisch,
- messbar,
- attraktiv,
- realistisch und
- terminiert

… sein. Man nennt das die SMART-Formel.

Hier ein Beispiel: »Bis Weihnachten 2020 (terminiert) verbringe ich jede Woche (realistisch? 3-mal pro Monat?) einen Abend (messbar) mit meinem Mann oder meiner Frau Exklusivzeit als Paar (attraktiv), wobei wir uns bei der Programmgestaltung und Babysitterorganisation monatlich abwechseln (spezifisch). Wir beginnen noch heute und ich starte, indem ich einen Babysitter organisiere.«

> »Hütet eure Paarbeziehung,
> als wäre sie euer erstgeborenes Kind.«
> JESPER JUUL

Das ist eine sehr empfehlenswerte Investition, die gar nicht mit viel Geld verbunden sein muss. Je nachdem, wie man die gemeinsame Zeit verbringt – es empfiehlt sich, ausschließlich aufeinander ausgerichtete Unternehmungen zu wählen (also kein Kino, keine Party oder Sport, wo die Aufmerksamkeit nicht vorwiegend auf den Partner ausgerichtet ist) –, fallen zwar vielleicht Kosten an, doch die sind mit Sicherheit niedriger als die finanziellen Aufwendungen im Fall einer Trennung.

IMPULS

Halte deine Ziele auf Kärtchen fest und überprüfe regelmäßig, ob du noch auf Kurs bist.

Das Schimpf-Diät-Tagebuch

Dass ein Tagebuch dazu da ist, sich die Gedanken, Erlebnisse und Sorgen von der Seele zu schreiben, ist klar. Beim Schimpf-Diät-Tagebuch kommt noch etwas anderes hinzu: Richte bewusst dein Augenmerk darauf,

- was dir heute gut gelungen ist,
- wie es dir gelungen ist,
- worauf du stolz bist,
- worüber und worauf du dich freust,
- was du an deinem Kind / Partner heute geschätzt hast,
- wofür du dankbar bist,
- was du dir heute selbst Gutes getan hast.

Du kannst dir diese Fragen und Anregungen auf der ersten Seite deines selbst gewählten, hübschen Tagebuchs eintragen, um immer wieder nachsehen zu können, worauf du deinen Fokus legst.

Die eigentliche Herausforderung beim Tagebuchschreiben ist es, dranzubleiben. Möglicherweise hilft dir ein fester Termin, eine bestimmte Uhrzeit, zu der du regelmäßig schreibst, oder du aktivierst dir im Handy eine Erinnerung, damit du es nicht vergisst.

Eine weitere Möglichkeit ist, dir selbst eine Diät-Phase zu verordnen. Die christliche Fastenzeit zwischen Aschermittwoch und Ostersonntag ist 40 Tage lang. Das wäre doch ein geeigneter Zeitraum, um bewusst weniger zu schimpfen, täglich Tagebuch zu schreiben – und in spätestens 40 Tagen hast du bestimmt merkbare Veränderungen zu verzeichnen!

Belohnung motiviert auch Erwachsene!

Falls du zu jenen Menschen gehörst, die Sternchensammeln lieben, kannst du dir einen übersichtlichen Papierkalender in deiner Wohnung aufhängen. Und an jedem Tag, an dem es dir gelungen ist, liebevoll, ruhig und gelassen zu bleiben in Situationen, in denen du früher geschimpft hättest, klebst du ein Sternchen ein.

Bei 3 Sternchen/Woche gibt's …
Bei 5 Sternchen/Woche gibt's …
Bei 7 Sternchen/Woche gibt's …

Interessante Umkehrvariante: Für jedes Mal Schimpfen wirfst du einen Euro in eine Spardose und leistest dir dafür eine Putzfrau. Die könnte am Ende so entlastend wirken, dass du zunächst nicht mehr schimpfen brauchst, danach feststellst, wie klasse es ist, Unterstützung zu haben, sodass es dir auch ohne Schimpf-Geld das Geld wert ist.

Schau mit anderen Augen drauf: Perspektivenwechsel

Aus einer anderen Perspektive betrachtet, erscheinen viele Dinge nicht mehr so dramatisch. In Bezug auf eine gleichwürdige Haltung ist es immer wieder notwendig, einen Perspektivwechsel vorzunehmen, um sich in das Kind oder den Partner einzufühlen. Hier einige Varianten, die dabei helfen:

Aufmerksamkeit verschieben

- Was könnte das Positive an der aktuellen Situation sein?
- Was ist für dein Kind gerade wichtig?
- Was ist das Gute daran, dass es so ist, wie es ist?
- Worum geht es hier eigentlich?
- Was könnte der größere Sinn hinter dem sein, was gerade passiert?

Zeitreise

Nimm ein beliebiges Ärgernis und bewerte auf einer Skala von 1 bis 5, wie schlimm die aktuelle Situation für dich ist.

- Nun stell dir vor, wie du dieses Ärgernis in einer Woche bewerten würdest.
- Wie würdest du es in einem Jahr bewerten?
- Wie würdest du es am Ende deines Lebens bewerten?
- Was spürst du hier und jetzt?

Abstand nehmen

Manchmal erscheint einem ein Problem riesig, schier unlösbar.

::: Stell dir dich selbst mit geschlossenen Augen in dieser Situation vor.

::: Nun stell dir vor, du betrachtest das Ganze aus einigen Metern Abstand von irgendwo im Raum.

::: Dann außerhalb des Gebäudes, der Abstand vergrößert sich immerzu, über den Himmel, von wo du wie aus einem Flugzeug herab auf dich und dein Problem schaust, bis ins Weltall, wo du nur noch den Erdball siehst. Und auch die Erde wird immer kleiner.

::: Wie groß empfindest du nun dein Problem im Verhältnis zu dem, was sich sonst noch im Leben, auf der Erde, im Universum abspielt?

Humor entspannt

Mit Humor geht vieles leichter! Lachen ist gesund, lockert Körper, Geist und Seele und es verbindet die Menschen miteinander – solange es nicht auf Kosten anderer stattfindet oder ein sarkastisches, zynisches Lachen ist. Lachen ermöglicht es, über die kleinen und größeren Unvollkommenheiten hinwegzusehen.

> *»Lache dreimal täglich*
> *mit deinem Kind.«*
>
> JOHANN HEINRICH PESTALOZZI

Jede Familie hat ihre eigenen Späße, so wie jeder Mensch seine Art von Humor hat. Kinder lachen angeblich bis zu 400 Mal am Tag, Erwachsene hingegen nur noch etwa 15 Mal. Wieder einmal etwas, das wir uns von den Kindern abschauen könnten.

Das Lustige am Humor ist ja meistens das Unerwartete, die Pointe beim Witz, mit der man nicht gerechnet hat. Darum sei mutig und reagiere auch mal völlig unerwartet. Oder steig in den für dich seltsam anmutenden Humor deines Kindes mit ein! Sprich in einer anderen Tonart völliges Kauderwelsch und lach auch mal über dich selbst. Das wirkt unheimlich entspannend.

Empathie kann man lernen

Empathiefähigkeit bedeutet, dass wir zum gleichen Zeitpunkt mitfühlen können, wie es jemand anderem geht, ohne selbst die Erfahrung zu machen. Wir sind dann sozusagen durch unser Einfühlungsvermögen Gast in der Wirklichkeit des anderen. Empathische Menschen sind üblicherweise *immer* empathisch, aus Gewohnheit gewissermaßen. Weniger empathische Menschen können es, wenn sie das wollen, trainieren und zu ihrer Lebenshaltung machen. Hier ein paar Vorschläge, wie du Empathie kultivieren kannst:

- Vermeide Vorurteile.
- Frag nach, was hinter dem Verhalten anderer steckt.
- Lerne deine eigenen Gefühle kennen.
- Beobachte andere.
- Zeig echtes Interesse.
- Halte erst mal deine Meinung und deine Lösungsvorschläge zurück.
- Hör aufmerksam zu.

- Mach Rollenspiele.
- Wechsle die Perspektive.
- Sei offen für unterschiedliche Lebenskonzepte.
- Lerne von anderen.
- Unterscheide Mitgefühl von Mitleid.
- Lies und hör zwischen den Zeilen.
- Übe Nachsichtigkeit.
- Trenne eigene von fremden Gefühlen.
- Wahre notwendige Distanz.
- Sei geduldig mit dir.
- Übe!

»Du und ich, wir sind eins.
Ich kann dir nicht wehtun,
ohne mich zu verletzen.«

MAHATMA GANDHI

Achtsamkeit leben

Das Thema Achtsamkeit passt deshalb so gut in dieses Buch, weil es zur inneren Haltung gehört, die der gleichwürdigen Beziehung zugrunde liegt. Du kannst praktisch alles, was du tust, achtsam tun oder eben nicht: atmen, essen, gehen, sprechen, kochen, schauen, trinken, dem (inneren) Kind begegnen, lächeln, lieben; mit Menschen, Tieren und ganz allgemein der Natur umgehen ... Hier einige einfache Achtsamkeitsübungen:[26]

- Den eigenen Atem spüren. Einige Male tief durchatmen und wahrnehmen, was sich alles in unserem Körper bewegt, wenn der Atem einfließt ... so wie die Welle des Meeres. Gibt es Unterschiede, wohin er fließt? Oder womöglich noch mehr unentdeckte Gebiete im Bauchraum, den der Atem noch gar nicht erkundet hat?
- Die Füße am Boden spüren. Wahrnehmen, wo es Kontakt zwischen mir und dem Boden gibt. Ist dieser Kontakt eher flächig oder punktuell?
- Realisieren, wie man sich durch eine Schwingung von anderen anstecken lässt. (Ein reales Beispiel ist z. B., wie schnell ein fauler Apfel die anderen gesunden Äpfel in einer Obstschale anstecken kann, oder ein positives, schwungvolles Lied, das uns aus einem Stimmungstief herausholt.)
- Die Neugierde wecken, den Ton der Stille in uns kennenzulernen. Er ist nämlich eine entscheidende Tonqualität und trägt wesentlich zur Gesamtheit des Lebens bei.

Achtsam kommunizieren

Bitte bedenke, dass du niemals *nicht* kommunizieren kannst. Achtsame Kommunikation kann hier ein Schlüssel sein. Auch wenn es manchmal eine gute Idee ist, nichts zu sagen, so kommunizierst du selbst durch dein Schweigen oder dadurch, dass du dich abwendest. Mit Worten kann man verletzen oder auch heilen, jedenfalls können diese viel bewirken. Darum:

- Bedenke deine Worte genau.
- Drück dich so klar und eindeutig wie möglich aus.
- Achte auf den Tonfall.
- Filtere, was du zu sagen vorhast: Ist es wahr? Ist es notwendig? Ist es hilfreich? Ist es freundlich?

- Sprich nie bewertend über Abwesende.
- Achte auch darauf, wie du mit dir selbst sprichst.
- Übe!

> *»Ein Kampf beginnt immer*
> *mit dem Angriff,*
> *nicht mit der Verteidigung —*
> *nämlich in der Kommunikation.«*
>
> NAOMI ALDORT

Loslassen

Eine gescheiterte Liebesbeziehung, der unerfüllte Traum vom heilen Familienleben, die eigene unglückliche Kindheit — es gibt so einiges, was einem im Leben widerfahren sein kann und immer noch runterzieht. Es drückt auf die Stimmung, arbeitet sozusagen im Untergrund deiner Seele und verursacht letztendlich Stress, der wiederum dein Schimpfverhalten beeinflusst. Manchmal kann es hilfreich sein, sich mit einem Ritual von den unerfüllten Sehnsüchten zu verabschieden. So wie ein Beerdigungsritual den Hinterbliebenen helfen kann, sich zu verabschieden und anzuerkennen, dass es vorbei ist, kannst du dir diese Wirkung auch zunutze machen.

Schreib zum Beispiel all die unerfüllten Träume, Sehnsüchte, Erwartungen auf Zettel, Steine oder Ähnliches und führe sie in einem bewusst gesetzten Moment der Stille den Elementen zu. Zettel kannst du beispielsweise verbrennen oder in einen Fluss werfen,

Steine kannst du vergraben oder in eine Schlucht schmeißen. Am besten denkst du dabei sowohl an das Schöne, wofür du dankbar bist, als auch an das, was schmerzt – und nur das Unangenehme, Schmerzhafte lässt du dann gehen! Es ist vorbei.

Du darfst weiter lieben, träumen und vertrauen. Und das, was war, hinter dir lassen.

Was tun, wenn ...?

Wenn ...	dann ...
dein Kind petzen kommt,	lass es die Situation genau schildern und frag: »Und was wirst *du* jetzt machen?«
Geschwister streiten,	halte dich so lange wie möglich raus, sei einfach da mit dem Hinweis: »Ich bin da, wenn ihr Hilfe braucht.«
ein Kind Hilfe sucht im Geschwisterstreit,	hör jedes Kind einzeln an, das jüngste zuerst, es kann am wenigsten lang warten. Jeder soll gehört werden.
ein Geschwisterkonflikt geschlichtet werden muss,	hüte dich davor, zu urteilen! Ermutige dazu, dass jeder Vorschläge zur Lösung einbringt, auch du. Dann arbeitet an einem Konsens. Du bist kein Richter!
dein Kind nicht auf deine Ansprache reagiert,	geh auf Augenhöhe zum Kind, berühre es evtl. an der Schulter, sprich es erneut an.

Wenn ...	dann ...
dein Kind wütend ist,	erlaube ihm auch dieses Gefühl und halte es aus!
dein Kind dich schlägt,	grenze dich mittels persönlicher Sprache ganz klar ab: »Hör auf damit, das will ich nicht!« Notfalls auch an den Armen festhalten, um weiteres Schlagen zu verhindern, oder verlasse den Aktionskreis.
dein Kind trödelt,	ändere dein eigenes Zeitmanagement. Kinder können sich nicht beeilen!
dein Kind anhänglich ist, Selbstzweifel hat, sagt: »Ich kann das nicht«,	zeig Vertrauen, ermutige es immer wieder, Dinge selbst zu machen, nicht allein! Und signalisiere immer: »Ich bin da, wenn du Hilfe brauchst!«
deine Kinder eifersüchtig aufeinander sind,	achte besonders auf gemeinsame Unternehmungen, bei denen jeder auf seine Kosten kommt, und gönne jedem auch ein wenig Mama-Exklusivzeit.
dein Kind sich auffällig verhält,	überlege, was du anders machen kannst, statt zu überlegen wie du das Kind ändern kannst.
dein Kind etwas kaputt gemacht hat oder etwas schiefgegangen ist,	geh immer von guter Absicht aus! Unterstelle keine Bösartgkeit, Blödheit oder Ungeschicklichkeit.

Wenn ...	dann ...
dein Kind dir ein eben gemaltes Bild zeigt,	zeig Interesse dafür, was es gemalt hat, welche Farben es benutzt hat usw., statt es zu loben. Es kommt zu dir mit einer Einladung zum Dialog, nicht zur Wertung.
dein Kind überstimuliert, komplett verplant ist,	gib ihm seine Freiheit wenigstens zu Hause. Weniger ist mehr, Langeweile kann man aushalten, geh lieber in Kontakt zum Kind.
dein Kind Lob einfordern kommt: »Hab ich das gut gemacht, Mama?«,	drück ehrliche Anerkennung aus, wenn du es so empfindest, sag, was dir gefällt, was du gut findest und wertschätzt.
dein Kind dir etwas aufgeregt erzählt,	hör genau zu, rede selbst möglichst wenig, »spiegle«, was du gehört hast, also wiederhole möglichst wortgenau, erkenne an, was ist, z. B.: »Der Hund ist jetzt allein und du sorgst dich.«
dein Kind schimpft, sich ärgert, weint,	zeig Interesse, worum es genau geht. Hinter jeder Emotion steht ein Bedürfnis. Welches wird gerade verletzt?
dein Kind nicht schlafen kann und Zeit schindet,	ist das eine Einladung zum Kontakt, Kuscheln, Reden, Verarbeiten von Erlebtem ... Nimm dir die Zeit dafür, bleib ruhig – wütendes Abendkuscheln klappt nicht.

Wenn ...	dann ...
dein Kind etwas tut, das du nicht willst,	sag ihm das in einer Ich-Botschaft mit einer ganz persönlichen Nachricht von dir, z. B.: »Ich will das nicht, ich brauche eine Pause, bitte spiel noch ein paar Minuten allein.«
dein Kind deine Aufmerksamkeit sucht: »Schau mal, Mama!«,	schau zu, sag entweder nichts oder »ich seh dich«, vermeide Bewertungen wie »toll«, »super«.
du dich lange Vorträge halten hörst,	»K.I.S.S.!« Das steht für *Keep It Short and Simple*: Fass dich kurz und drück dich einfach aus, weil es eh schon kompliziert genug ist.
du auf die Kooperation deines Kindes angewiesen bist,	ist es umso wichtiger, eine gesunde Beziehung zueinander zu haben. Dann kannst du auf Kooperation im Notfall vertrauen.
du einen wiederkehrenden Konflikt mit deinem Kind hast,	übernimm du die Verantwortung, besprich es mit deinem Kind in friedlichen Zeiten und ändere in Abstimmung mit ihm die Rahmenbedingungen.
du denkst, du hättest doch so viel gegeben, jetzt müsste endlich mal was vom Kind kommen,	entspricht das einem Handel und beinhaltet deine Erwartung. Du bist Mutter, keine Marktfrau.

Danielas Erkenntnisse für den Mama-Alltag

Nach den ersten Einheiten mit Linda und dem ersten Workshop bei ihr war es die Umsetzung im Alltag, die mich wirklich herausgefordert hat: Ich wollte alles. Auf einmal. Das ging nicht, ich war frustriert und hab erst mal ein paar Wochen gebraucht, um das zu erkennen und zu akzeptieren. Was folgte, waren weitere Gespräche. Mir fiel es dann nach und nach leichter, weil ich die Umsetzung für mich in Häppchen portionieren konnte.

Was soll sich als Erstes ändern?

Diese Frage hat mich sehr beschäftigt – der erste bewusste Schritt in ein Leben, das damals noch keine genauere Bezeichnung hatte. Mir war lediglich klar, dass ich es »anders« machen wollte als meine Eltern mit mir und meinen Schwestern und dass ich die Elternschaft und den Alltag mit Kindern bewusst gestalten wollte. Ich wünsche mir, dass meine Kinder sich an die Zeit ihrer Kindheit erinnern und sich reich fühlen an Werten, auf die sie ihr eigenes Leben bauen können.

»Authentizität« ist dann irgendwann aufgetaucht, und das ist seither einer meiner wichtigsten und leitenden Werte. Ich will authentisch sein: für mich, für die Menschen, mit denen ich lebe, und nicht zuletzt für meine Tochter (inzwischen natürlich für beide Töchter). Authentisch sein bedeutet für mich, greifbar zu sein und ehrlich, unverbogen und für meine Sache einstehend.

Nachdem sich der familiäre Fokus mit dem zweiten Kind nochmals verändert hat und auch das Leben immer wieder spannende neue Herausforderungen mit sich brachte und bringt, ist es für mich wichtig, mich immer wieder zu hinterfragen, ob ich für mich selbst auf dem richtigen Weg bin. Bei allen Möglichkeiten, die das moderne, schnelle und westliche Leben unserer Generation bietet, gilt es den eigenen Fokus zu finden. Die wesentlichen Werte, auf die wir bauen, und Menschen, mit denen wir voll Vertrauen unseren Weg gemeinsam gehen. Das Leben ist keine Konstante und die nächste Überraschung lauert schon hinter der Ecke ... Meiner Erfahrung nach kann man sich diesen Herausforderungen viel leichter stellen, wenn die Basis stimmt. Authentizität ist gar nicht so einfach wie sie wünschenswert ist – aber lässt sich mit einem ehrlichen Blick in den Spiegel am Abend erkennen. Lebe ich so, wie ich es brauche? Was brauche ich gerade jetzt besonders? Wer kann mir helfen, mehr davon zu erlangen? Das sind Fragen, die ich mir regelmäßig selber stelle, die mich näher in meine eigene Mitte bringen und mir helfen, Hürden zu meistern und aus Krisen gestärkt hervorzugehen.

Das Tagebuch – oder ein Kalender, ein Bullet Journal oder einfach ein Heft – ist ein schönes Instrument, um ein Gespür dafür zu entwickeln, was gerade wichtig ist, und um im Nachhinein die kleinen Feste des Alltags auch feiern zu können. Das »Schimpf-Diät-Tagebuch« hat mich gut begleitet und tut es noch immer. Ich schreibe mir viel von der Seele. Nicht täglich, aber immer, wenn ich spüre, dass ich etwas loswerden muss, greife ich zu Büchlein und Stift. Manchmal, wenn eine Situation oder eine ganze Lebensphase mich bereichert hat, ich daran wachsen konnte, teile ich diese Erfahrungen und Erkenntnisse auf dem Blog *diekleinebotin. at* – das Schreiben auf dem Blog ist auf eigene Art auch heilsam.

Wenn ich es nicht hinkriege, das Glas halb voll zu sehen, und das Gefühl habe, wenig Luft zu bekommen, weil alles schwer ist, dann suche ich das Gespräch. Meist ist es Linda, die es schafft, mich auf einen leichteren Weg zu leiten, aber auch Dialoge mit meinem Mann oder mit langjährigen Freundinnen machen den scheinbaren Nebel dann sofort etwas lichter.

Lachen und spielen

Manchmal habe ich den Eindruck, dass wir Erwachsenen es fast verlernt haben, zu lachen und zu spielen — das ist natürlich sehr schade, denn alles Müssen, Sollen, Machen und Tun ist wenig befriedigend, wenn die emotionale und freudige Komponente fehlt. Gerald Hüther spricht von einer »spielerische(n) Grundhaltung zum Leben, die jene Qualitäten kultiviert, die allen echten Spielen innewohnen: ein freies Miteinander, bei dem die Menschen einander nicht instrumentalisieren«.[27] Sobald wir uns auf ein Spiel mit anderen Menschen oder mit den Kindern einlassen, wird es lustig, lauter und es wird gelacht und gescherzt! Es ist richtig befreiend, wenn man es nur zulässt.

Ich mag es, wenn mir die Kinder Witze erzählen (auch wenn ihr Humor sich nicht immer mit meinem deckt …), wie sie sich konzentrieren und sich so unglaublich freuen, wenn sie den gesamten Witz mit Pointe kennen. Diese Freude ist so ehrlich und ansteckend – egal, wie (wenig) lustig der Witz war, ich muss mitlachen!

Jeder Tag kann ein achtsamer Tag werden

Etwas, das ich erst wiederfinden und für mich neu erlernen musste (durfte?), ist Achtsamkeit. Ich komme aus einer hektischen, schnellen und erfolgsgetriggerten Berufswelt, die durch die Ankunft meiner ersten Tochter massiv auf das Leben mit Baby beziehungsweise als Familie reduziert wurde. Monatelang hatte ich das Bedürfnis nach mehr: Terminen, Menschen, To-dos, … Ich hatte das Gefühl, nichts zu schaffen, wenn ich nicht im bekannten Hamsterrad rannte. Daraus sind die Ideen und der Grundstein für meinen Blog entstanden und damit eine Basis, die tief aus mir und meinen Vorstellungen und Ansprüchen kommt.

Wie das Leben in meiner eigenen Geschwindigkeit laufen kann, wie ich wirklich ticke, das habe ich erst im Lauf der Zeit als

Mama zu spüren gewagt, und ich bin immer noch dabei, das für mich zu manifestieren.

Achtsam leben beginnt beim Aufstehen, gelingt mir bei weitem nicht den ganzen Tag, aber jeder Tag hat die Chance, ein achtsamer Tag zu werden. Spätestens am Abend, wenn alles ganz still wird, höre ich die »Achtsamkeitsstimme« wieder deutlicher und nehme mir ein paar Minuten Zeit: Ich lausche dem ruhigen Atem der Kinder, öffne nochmal das Fenster und atme ein paarmal tief ein und aus. Wenn es heute nicht ging, dann eben morgen.

Das Gespräch mit den Kindern, das, wenn es achtsam und authentisch geführt wird, so viel mehr ist als Plauderei, gibt mir viel Energie. Kinder haben unglaublich viel zu erzählen aus ihrer bunten, ehrlichen, fantasievollen und zauberhaften Welt!

NACHKLANG

Die Autorinnen

Linda über Daniela

Daniela Gaigg, unter *www.diekleinebotin.at* als eine der beliebtesten Elternbloggerinnen Österreichs und mittlerweile im gesamten deutschsprachigen Raum bekannt, schreibt seit der Geburt ihrer erstgeborenen Tochter auf dem Blog. Insgesamt hat sie zwei Töchter und einen Liebsten, den Papa der beiden Mädels, und lebt am Stadtrand von Wien.

Wir beide haben uns kennengelernt, als sie mit ihrem kleinen Säugling gemeinsam erstmals zu einem meiner Workshops kam, geschätzt war das Anfang 2013. Es folgten begleitende Coachings, die den Grundstein unserer Zusammenarbeit legten und sich nach und nach verfestigten, bis wir 2016 unsere beruflichen Herzenswege ganz offiziell miteinander verbanden.

Was ich besonders an ihr schätze, ist ihre Fähigkeit, die Dinge, die wir im Coaching erarbeiten, umgehend im echten Leben umzusetzen. Das ist, weiß Gott, nicht selbstverständlich. Für dieses Buch jedenfalls eine geniale Sache, denn so kannst du an ihren Erfahrungen teilhaben.

Ich kenne niemanden, der so voller Tatendrang ist und so begeisterungsfähig. Gleichzeitig hat Daniela die Gabe, in Kleinigkeiten Großes zu erkennen. Ich empfinde das als eine besonders schöne Form der Achtsamkeit. Als Mama fällt mir keine andere ein, die so klar ist in ihrer Art, mit ihren Töchtern zu sprechen – und dennoch allzeit vermittelt, dass ihre Liebe außer Frage steht. Ich weiß mittlerweile, welches Löwenherz in ihrer Brust wohnt. Und ihre Mädchen wissen das sowieso. Diese Frau hat Nerven wie Drahtseile, meistens zumindest, und sie scheut sich nicht, sich die Hände schmutzig zu machen. Wo bei mir schon die Prinzessin zutage tritt, packt sie an und macht einfach. Sie ist mutig, probiert nach und nach Dinge aus, die ihr zu Beginn unserer Bekanntschaft noch viel zu schräg waren (z. B. Aufstellungsarbeit). Und sie wagt es, infrage zu stellen, was ich ihr vorschlage.

Ihre Power setzt sie für Dinge ein, die einem höheren Sinn nachstreben: liebevolle Beziehungen in der Familie mit allem Drumherum, ob Organisatorisches, Basteltechnisches, unterwegs mit Kindern oder gesundes Essen … und natürlich ein bisschen Fancy Living.

Mittlerweile sind wir Freundinnen geworden, die weiterhin, persönlich und professionell, miteinander und aneinander wachsen. Also wie in der Familie – unsere selbst gewählte Familie. Ich bin sicher, da kommt noch einiges!

Danke für dieses gemeinsame »Baby«, Dani!

Daniela Gaigg
www.diekleinebotin.at
Instagram @diekleinebotin

Daniela über Linda

Wer Linda kennenlernt, sieht vor allem eines: eine strahlende, freundliche und vereinnahmende große Frau. Innerhalb kurzer Zeit ist klar: Das ist nicht Small Talk oder Geplänkel, sie interessiert sich für den Menschen, mit dem sie sich unterhält.

Linda ist einfühlsam und feinfühlig und hat, nicht zuletzt wegen ihrer langjährigen Erfahrung als Coach und Beraterin, einen echten Draht zu Menschen. Ihre unbändige Neugier und Lust auf das Leben machen es nicht nur spannend und aufregend, sie ein Stück weit zu begleiten, man kann einfach nicht anders.

Ich schätze an Linda ihre Offenheit und ihre Bodenständigkeit. Sie verspricht keine Wunder, scheut sich nicht davor, heikle Themen zu bearbeiten, und macht Mut, sich selbst zu hinterfragen. Der eigene kritische Blick auf sich, die zeitweilige Neuorientierung und regelmäßiges »sich selbst hinter die Kulisse«-Blicken machen sie nahbar, sympathisch und sehr authentisch. Das wirkt sich in ihrer täglichen Arbeit ebenso positiv aus, wie im Umgang mit ihrem Freundeskreis, der bunt und groß ist.

Linda lebt mit ihren Männern – sie hat zwei Söhne und einen Ehemann – in der Nähe von Wien und arbeitet dort. Wer ihre Vita liest, glaubt kaum, dass Linda all das tatsächlich schon erlebt und gemacht hat, da sind nicht nur einige große berufliche, sondern auch örtliche Veränderungen herauszulesen. So ging es für sie nach selbstständiger Tätigkeit in der Baubranche von Wien nach Deutschland, um in namhaften Werbeagenturen tätig zu sein.

Eines jedoch zieht sich durch ihr Leben wie ein roter Faden: *Menschlichkeit* und die Gabe, andere darin zu begleiten, sich selbst (wieder) zu finden! Lindas eigene Geschichte, ihr Fall von beruflicher Höchstleistung zu Burnout und Neustart, war der Beginn dessen, was sie heute so großartig macht: Sie hat den Grundstein für die Beraterin und den Coach gelegt. Linda kann Menschen begleiten, motivieren und ihnen auf besondere Art helfen, sich selbst (wieder) zu lieben und damit den eigenen Weg zu erkennen. Ihre Arbeit ist nie einseitig und nimmt den kompletten Mensch in all seinen Facetten wahr.

Danke, Linda, die Erfahrungen rund um unser Buch haben mich enorm bereichert!

Linda Syllaba

www.beziehungshaus.at – Familien & Business Coaching
Dipl. systemischer Coach, Dipl. psychologische Beraterin
Eltern-, Paar- & Einzelcoach, familylab-Erziehungscoach
+43 676 4770998 – syllaba@beziehungshaus.at

Herzlichen Dank!

Wir bedanken uns bei allen unseren Inspirationsquellen, unseren Wegbegleiterinnen und Wegbegleitern und Lehrmeisterinnen und Lehrmeistern, allen voran unseren Kindern!

Jesper Juul, mein (Lindas) Ausbilder, hat mich gelehrt, meine eigene Haltung neu auszurichten. Ohne ihn hätte ich diesen Weg nie beschritten. Danke, Jesper!
www.jesperjuul.com

Herzlichen Dank an die Experten, die unser Buch zusätzlich mit ihren Inputs bereichert haben. Wir schätzen ihre Arbeit außerordentlich und haben sie mit Bedacht gewählt:

Mag. Nadja Holstein, Psychoanalytikerin in Wien, Kinesiologin und Aufstellungsleiterin, Mutter von vier Kindern.
www.nadjaholstein.com

M. Sc. Isabel Huttarsch, Klinische Psychologie und Psychotherapie, Mutter von zwei Kindern.
www.mamapsychologie.de

Doris Edith Kormann, Waldpädagogin, FLL-zertifizierte Baumkontrolleurin, Praktikerin Craniosacral-Balance und Shiatsu, psychosomatische und akademische Kinesiologin, Human Design Analytikerin, zwei Söhne.
www.doriskormann.at

Prof. Dr. Franz Ruppert, Psychologischer Psychotherapeut, Professor für Psychologie mit Schwerpunkt auf Psychotrauma. *https://franz-ruppert.de*

Mag. Michael Stockert, Psychotherapeut: Integrative Gestalttherapie, Körpertherapie, Traumatherapie; Zhineng-Qigong-Lehrer, Vater von drei Kindern. *www.gestaltmeetsqigong.com*

Ein ganz großes DANKE an **Petra Dorn** vom Beltz-Verlag, die uns mit viel Vorschussvertrauen begegnet ist und uns als Lektorin und Begleiterin des gesamten Prozesses unglaublich unterstützt und bestärkt hat. Du warst für uns allzeit erreichbar und motivierend, hast uns mit Engelsgeduld und viel Empathie bei den »Geburtsschmerzen« beigestanden. DANKE!

Ulrike Ebenritter danken wir für ihr strukturiertes Lektorat, sie hat Ordnung ins Buch gebracht und Österreichisch in Deutsch übersetzt.

Literaturhinweise und Empfehlungen

Aldort, Naomi: *Von der Erziehung zur Einfühlung. Wie Eltern und Kinder gemeinsam wachsen können.* Freiburg: Arbor, 2008

Brezina, Thomas: *Blödsinn gibt's nicht: Wie wir Kinder fürs Leben begeistern.* Wien: edition a, 2019

Davies, Simone: *The Montessori Toddler. A Parent's Guide to Raising a Curious and Responsible Human Being.* New York: Workman, 2019

Faber, Adele und Mazlish, Elaine: *So sag ich's meinem Kind. Wie Kinder Regeln fürs Leben lernen.* München: Oberstebrink, 2009

Graf, Danielle und Seide, Katja: *Das gewünschteste Wunschkind aller Zeiten treibt mich in den Wahnsinn. Der entspannte Weg durch Trotzphasen.* Weinheim und Basel: Beltz, 2016

Graf, Danielle und Seide, Katja: *Das gewünschteste Wunschkind aller Zeiten treibt mich in den Wahnsinn. Gelassen durch die Jahre 5 bis 10.* Weinheim und Basel: Beltz, 2018

Hüther, Gerald und Quarch, Christoph: *Rettet das Spiel! Weil Leben mehr als Funktionieren ist.* München: btb, 2018

Juul, Jesper: *Grenzen, Nähe, Respekt.* Hamburg: Rowohlt, 2009

Juul, Jesper: *Leitwölfe sein: Liebevolle Führung in der Familie.* Weinheim und Basel: Beltz, 2018

Juul, Jesper: *Nein aus Liebe. Klare Eltern - starke Kinder.* Weinheim und Basel: Beltz, 2018

Kohn, Alfie: *Liebe und Eigenständigkeit: Die Kunst bedingungsloser Elternschaft, jenseits von Belohnung und Bestrafung.* Freiburg: Arbor, 2010

Siegel, Daniel J.: *Achtsame Kommunikation mit Kindern: Zwölf revolutionäre Strategien aus der Hirnforschung für die gesunde Entwicklung Ihres Kindes.* Freiburg: Arbor, 2013

Siegel, Daniel J.: *Gemeinsam Leben, gemeinsam Wachsen. Wie wir uns selbst besser verstehen und unsere Kinder einfühlsam ins Leben begleiten können.* Freiburg: Arbor, 2009

Sigsgaard, Erik: *Schimpfen – es geht auch anders.* Dörfles: Renate Götz Verlag, 2012

Stern, André: *Begeisterung. Die Energie der Kindheit wiederfinden.* München: Elisabeth Sandmann Verlag, 2019

Anmerkungen

1 Naomi Aldort im Interview mit *diekleinebotin* am 12.10.2017 in Wien.

2 Aus einem Interview für die Huffingtonpost https://www.huffington-post.de/entry/ein-hirnforscher-erklart-das-ist-das-geheimnis-einer-glu-cklichen-kindheit_de_5a708b13e4b05836a256c479
https://www.refinery29.com/de-de/glueckliche-kindheit-das-geheimnis

3 André Stern im Interview mit *diekleinebotin.at* im Dezember 2017

4 Korrespondenz mit Alice Miller, Juli 2008. Mehr zu diesem Thema schreibt sie in ihrem Buch *Am Anfang war Erziehung*. Berlin: Suhrkamp, 1983

5 Franz Ruppert, 2019

6 Nach Stephen Karpman

7 Nach Eric Berne. Mehr dazu in seinem Buch *Die Transaktions-Analyse in der Psychotherapie: Eine systematische Individual- und Sozialpsychiatrie*. Paderborn: Junfermann, 2006

8 Nach Alfie Kohn, S. 139

9 Naomi Aldert im Gespräch vom 6. März 2019

10 Paul Watzlawick in einem Vortrag

11 Nach Silvia Schlager, www.eutonia.at

12 Aus einem Interview mit Gerald Hüther: http://www.anthropos-ev.de/wp-content/uploads/2012-Interview-mit-Prof.-Gerald-Huether.pdf

13 Doris Kormann, 2019

14 Naomi Aldort im Interview mit *diekleinebotin* am 12.10.2017 in Wien

15 Gib mal den Suchbegriff »Antreibertest« im Internet ein. Du solltest einen Fragenkatalog finden, der dir erste Hinweise darauf liefert, mit welchen Glaubenssätzen du dich selbst in Stress versetzt. Das ist der erste Schritt, um etwas daran ändern zu können.

16 Dein »inneres Kind« ist sozusagen eine jüngere Version von dir selbst, so gesehen gibt es viele davon in unterschiedlichen Altersstufen. Dieses innere Kind darfst du »beeltern«.

17 Nach Eckhard Tolle: *Jetzt. Die Kraft der Gegenwart*. Bielefeld: Kamp-hausen Media, 11. Auflage 2018

18 In meiner Ausbildung bei Jesper Juul spielten Selbstbewusstsein und Selbst(wert)gefühl eine zentrale Rolle, ebenso in seinem Werk.

19 www.mamapsychologie.de

20 Dazu Mareike Steger, ehemalige Chefredakteurin des Magazins »Wienerin«: »Ich bin im LEO!«: Dieser Ausruf bezeichnet beim Fangen spielen eine »geschützte Stelle«, an der man vor der Fängerin oder dem Fänger in Sicherheit ist. Benannt nach dem sogenannten Asylring, einer Eisenspule am Adlertor des Stephansdoms in Wien, die »Leo« genannt wird, da Leopold III. sie als Zufluchtsstätte bestimmte.«

21 Michael Stockert, 2019

22 Winnicott, D. W.: *Der Anfang ist unsere Heimat: Essays zur gesellschaftlichen Entwicklung des Individuums.* Stuttgart: Klett-Cotta, 2012 (Original erschienen 1986: *Home ist where we start from*)

23 www.nadjaholstein.com.

24 André Stern, https://diekleinebotin.at/interview-andre-stern/

25 Isabel Huttarsch, 2019

26 Von Doris Kormann beigetragen.

27 Gerald Hüther, *Rettet das Spiel,* S. 167f.

Hinweise zu den Downloads

Im Buch auf Seite 237 findest du sechs Sprüche, Zitate und Mama-Mantras zum Herunterladen oder Ausdrucken. Die Dateien erhältst du über die Internetseite www.beltz.de. Du kommst zu den Downloads, indem du auf die Seite des Titels gehst, den Link zu den Materialien anklickst und folgendes Passwort eingibst:

2AsR6dGS
(Bitte Groß- und Kleinschreibung beachten).

Balsam für gestresste Eltern

Danielle Graf & Katja Seide
**Das gewünschteste Wunsch-
kind aller Zeiten treibt mich
in den Wahnsinn**
Der entspannte Weg
durch Trotzphasen
Klappenbroschur, 288 Seiten
ISBN 978-3-407-86422-2

Danielle Graf & Katja Seide
**Das gewünschteste Wunsch-
kind aller Zeiten treibt mich
in den Wahnsinn**
Gelassen durch die
Jahre 5 bis 10
Klappenbroschur, 360 Seiten
ISBN 978-3-407-86504-5

Will die Zweijährige NIE ins Bett? Und der Sechsjährige will JETZT schon
ausziehen? Statt selbst Tobsuchtsanfälle zu kriegen, lesen Eltern lieber die
Bestseller von den Autorinnen des größten Elternblogs Deutschlands.
Zu wissen, was in Herz und Gehirn von Kindern und ihren Eltern vorgeht,
hilft beiden Seiten, aus Konflikten auszusteigen und Lösungen zu finden.

»Wunderbar für ein bisschen Gelassenheit im Elternalltag.« Bild, 12.7.2017
»Liebevoll und praxisnah beschreiben die beiden Bloggerinnen, wie man die
eigenen Nerven beruhigt – und das Kind gleich mit.« familie&co, 3.2017

www.beltz.de

Die Quellen kindlicher Entwicklung

Herbert Renz-Polster und Gerald Hüther führen uns zu den Quellen, von denen eine gelungene Entwicklung unserer Kinder abhängt. Zu finden sind diese Quellen – in der Natur!

Natur ist dort, wo Kinder Freiheit erleben, Widerstände überwinden, einander auf Augenhöhe begegnen und dabei zu sich selbst finden. Aber ist Natur nur das »große Draußen«: Wiesen, Wälder und Parks, Spielstraßen und Hinterhöfe? Oder lässt sie sich auch drinnen finden – zum Beispiel in der großen weiten Welt hinter den Bildschirmen? Anschaulich und eindrucksvoll entwickeln die beiden Bestsellerautoren eine neue Balance zwischen Drinnen und Draußen, zwischen realer und virtueller Welt.

»Wer über kindliche Entwicklung redet, muss auch über Natur reden: Wie die Kleinen groß werden. Wie sie widerstandsfähig werden. Wie sie ihre Kompetenzen für ein erfolgreiches Leben ausbilden.«
Herbert Renz-Polster

Herbert Renz-Polster
Gerald Hüther
Wie Kinder heute wachsen
Natur als Entwicklungsraum.
Ein neuer Blick auf das kindliche Lernen, Fühlen und Denken
gebunden, 264 Seiten
ISBN 978-3-407-85953-2

www.beltz.de

Gut genug ist perfekt

Kinder brauchen keine perfekten Eltern, aber sie brauchen Eltern, die wie Leuchttürme sind: Mütter und Väter, die ihren Orientierung bieten und die respektvoll ihre Verantwortung in der Familie ausfüllen.

Ist Gleichberechtigung der Schlüssel zu einem freundlichen Familienklima? Wie viel Freiheit und wie viel Führung brauchen Kinder? Wie finden Paare und Alleinerziehende im täglichen Umgang mit den Kindern ihr Gleichgewicht im Leben? Entscheidend ist nicht nur die liebevolle Beziehung zwischen Eltern und Kindern, sondern auch Raum und Zeit für sich selbst und den Partner zu haben.

»Elterncoaching macht Lust und Mut, Probleme in der Familie anzupacken und sich auf den eigenen Weg zu begeben.« Eltern.de

Jesper Juul
Elterncoaching
Gelassen erziehen
gebunden, 336 Seiten
ISBN 978-3-407-86429-1

www.beltz.de